천연조미료로 만든 자연식

박상혜 지음

마로니에북스

천연조미료로 만든
자연식 아이밥상

초판 1쇄 발행 | 2011년 8월 5일
초판 1쇄 발행 | 2011년 8월 12일

지은이 | 박상혜
발행인 | 이상만
발행처 | 마로니에북스
기획 및 책임편집 | 김우진, 오렌지페이퍼
주 소 | (413-756) 경기도 파주시 교하읍 문발리 파주출판도시 521-2
전 화 | (02)741 – 9191 (대) (031)955 – 4919 (편집부)
팩 스 | (031)955 – 4921
등 록 | 2003년 4월 14일 제 2003-71호
ISBN | 978 – 89 – 6053 – 210 – 6

도서 문의 및 A/S 지원
저자 홈페이지 | http://blog.daum.net/templecooking
마로니에북스 홈페이지 | http://www.maroniebooks.com

깨끗하고 건강한 음식을
먹이고픈 것이 엄마의 마음

각종 매체를 통해 공해 가득한 먹을거리 얘기가 자주 들리면서 우리나라는 물론 전 세계적으로 자연음식 바람이 거세게 불고 있습니다.

저는 아직 자녀가 없지만 패스트푸드점 · 외식산업체 · 단체급식점의 심각한 위생 실태와 불량 먹을거리 소식을 접할 때면 사찰음식과 약선음식을 연구하는 전문가 입장에서 '미래를 짊어질 우리 아이들에게만큼은 깨끗한 음식을 줘야겠다'는 사명감을 가슴속에 새기곤 합니다.

그렇게 쌓인 마음이 모여서 이 책을 내게 됐습니다. 사찰음식이 바로 자연음식이고, 자연음식이야말로 몸속 공해를 깨끗하게 정화시켜서 맑고 건강한 아이로 자라게끔 해주리라 기대됩니다.

아마 이 책의 요리들 중에는 낯선 음식들이 참 많을 겁니다. 기존 요리책들 중에서 '자연식'이라 타이틀을 내건 아이밥상 책들과도 많이 다를 거라 생각합니다. 그렇게 느끼는 데는 다 이유가 있습니다.

이 책에 실린 요리들은 사찰음식의 조리법을 응용해 만들었습니다. 사찰음식에서는 오신채(파, 마늘, 달래, 부추, 양파)를 사용하지 않는 것이 원칙이지만, 오신채 중 파(초록 부분)와 마늘만 거의 사용하지 않는 등 응용을 해 엄마들의 심적 부담을 조금 덜었습니다.

그 외에 제가 아이밥상 요리를 하면서 지킨 원칙은 다음과 같습니다.

- 양조간장은 No! 채소와 조선간장으로 맛간장을 만들어 사용하였다.
- 천일염으로 녹차소금이나 버섯마늘소금을 만들어 사용해 나트륨의 섭취를 줄였다.
- 기름은 식물성 기름으로 맛기름과 녹차기름을 만들어 사용하되, 사용량을 최소화하였다.
- 토마토케첩과 마요네즈는 신선하게 바로 만들 수 있는 방법을 선택해 그 본연의 맛을 느낄 수 있도록 했다.
- 제철에 나오는 식재료를 구입해 직접 건조하는 방식과 냉동하는 방식으로 보관, 1년 내내 좋은 먹을거리를 사용하도록 방법을 담았다.
- 화학식초보다 과일식초를 만들어 사용하였고, 레몬즙을 이용해 신맛을 내주었다.
- 채소는 팬에 바로 익히거나 쪄서 사용하였고, 서양채소는 사용을 자제했다.
- 모든 식재료는 단시간에 조리하는 방식으로 조리 공정을 줄였다.
- 가공식품 사용은 철저히 배제했지만 어쩔 수 없이 아이들이 원하는 것은 다른 재료를 사용하거나 첨가물을 배출시키는 조리법으로 요리했다.

이렇게 만든 요리를 우리 아이들에게 줄 수 있다는 사실이 어느 보약을 먹이는 것보다 기분 좋은 일임을 엄마들이 더 잘 알리라 생각됩니다.

자연음식을 처음 접하면 어른도 아이도 낯설어합니다. 그러니 엄마부터 인내심을 가지고 서서히 사랑으로 아이의 입맛을 변화시켜주세요. 음식은 사랑입니다. 사랑이 담긴 조리법으로 만든 음식은 최대의 효과를 낼 수 있으며, 그 사랑이 바로 기쁨으로 돌아온다는 사실을 잊지 마세요.

박상혜

01 자연의 향을 고스란히 담았다!
맛있는 밥 특별한 죽 67

02 매일 먹어도 물리지 않는다!
건강반찬 &영양담뿍 국 · 찌개 105

03 ## 단단하고 활력 있는 하루!
오후 3시 간식타임   179

_소아비만 걱정 없는 간식의 노하우   180

04 궁중의 왕자와 공주들이 먹었다!
두뇌발달 & 체력유지 특별한 궁중간식 231

_왕자와 공주의 음식, 우리 아이가 못 먹으란 법 없지 232

재료가 답이다!

아이를 쑥쑥 성장 시키는 최고의 재료들

성장기 아이들에게 부족해지기 쉬운 영양소를 보충하고 소화가 잘되도록 도와 활력과 힘을 준다면, 최상의 컨디션을 유지하면서 훨씬 건강한 성장기를 보낼 수 있습니다. 엄마가 눈만 크게 뜨면 쉽게 접하는 식재료들, 그중에서 우리 아이에게 해가 되고 득이 되는 것들을 선별하고, 채소를 사철 먹을 수 있는 방법을 담았습니다.

엄마라면 꼭!
성장 발육에 필요한 영양소와 식품,
성장 발육에 방해가 되는 식품들

① 아이의 성장 발육에 필요한 영양소와 식품

● 비타민

비타민은 우리 몸속의 단백질 합성에 관여하는 영양소로, 어린이의 성장, 신체 발육에 절대적으로 필요하다. 그중에서 비타민 D는 칼슘과 인의 흡수를 촉진시켜 뼈대를 튼튼하게 만들기 때문에 성장기의 어린이에게는 없어서는 안 될 영양소다. 비타민 D가 부족하면 뼈가 연해지고 변형되기 쉬워 구루병에 걸리기 쉽다.

| 권장 식품 |

시금치 · 당근 · 호박 등 채소류, 김 · 미역 · 다시마 등 해조류, 표고버섯 · 양송이버섯 · 느타리버섯 등 버섯류, 감 · 귤 · 딸기 등 과일류

● 식이섬유

식이섬유는 영양분으로 우리 몸에서 많이 이용되지는 못하지만 다른 영양소들이 제 작용을 하도록 도와주는 고마운 영양소다. 특히 대장의 기능을 향상시켜 장이 약한 어린이들에게 좋다.

| 권장 식품 |

잡곡류, 해조류, 과일과 채소류

● 단백질

단백질은 성장에 관여하는 성장호르몬의 분비를 촉
진시킨다. 성장호르몬 역시 단백질이다. 키가 커지려
면 뼈뿐만 아니라 근육도 발달해야 하니 꾸준한 단백
질 공급과 함께 운동을 병행할 것을 권하자.

| 권장 식품 |

콩·두부·두유 등 콩으로 만든 가공식품, 지방을 제외한 쇠
고기·돼지고기·닭고기 등 육류, 어류, 어패류

● 칼슘

칼슘은 뼈대와 치아 조직을 형성하고, 성장에 직접적으로 관여하는 영양소다. 특히 다른 영양소와 달리 함유된
식품이 국한되어 있어 조금만 소홀하면 성장 발육이 왕성한 아이에게 칼슘 부족의 결과를 초래할 수 있다.

| 권장 식품 |

우유·두유 등 유제품, 멸치·뱅어포 등 뼈째 먹는 생선, 미역 등 해조류 등이 있다.

사골에 칼슘이 많다는 건 오해

우리는 사골국(곰국)을 뼈를 튼튼하게 하는 칼슘 보충제로 생각하는 경향이 있어요. 하지만 사골국은 뼈를 튼튼히 하는 데
크게 도움이 되지 않아요. 소뼈를 곤 사골국에는 칼슘이 물론 들어 있지만 인이 더 많이 들어 있어요. 우리 몸의 혈액은 칼
슘과 인산이 서로 길항(拮抗)작용을 해서 칼슘이 높아지면 인산을 배설시키고, 인이 높아지면 칼슘을 배설시키는 작용을
하거든요. 즉 사골국을 먹으면 인산 때문에 칼슘 흡수가 억제된다는 거예요. 하지만 사골국에는 단백질도 풍부히 들어 있
으니 너무 실망 마세요. 단, 즐겨 먹기보다는 가끔 건강식으로 먹어주세요.

❷ 아이의 성장 발육에 방해가 되는 식품들

● 성장호르몬을 감소시키는 라면

라면은 국수보다 간편히 먹을 수 있고, 단시간에 먹을 수 있으며, 때와 장소를 가리지 않고 먹을 수 있다는 장점이 있다. 하지만 혈당을 급격하게 높여 인슐린 분비를 활발히 만드는데, 이 경우 인슐린으로 인해 성장호르몬 활성물질인 IGF-1이 제 역할을 못하게 된다.

성장호르몬이 제 기능을 못하면 비만, 수면 부족, 스트레스 등의 증상이 나타난다.

● 컴퓨터 게임보다 무서운 패스트푸드

패스트푸드는 아이들에게만 나쁜 것이 아니다. 어른들 역시 패스트푸드를 가까이 해서는 안 된다. 패스트푸드는 성장을 위한 영양분을 균형 있게 제공하지 못할 뿐 아니라 조숙증의 원인이 되는 비만을 유도하기 때문에 성장기 아이에게만큼은 이제 그만!

● 떨어지는 성적보다도 더 끔찍한 스낵

트랜스지방은 자연계에는 존재하지 않는 지방이다. 가공식품의 보관기간을 늘리고, 공장에서 과자나 스낵 등을 만들 때 사용하기 쉬우라고 인공의 힘을 이용해 기름의 형태를 불포화지방산에서 포화지방산으로 바꾸어놓은 기름이라고 보면 되는데, 가공한 기름을 사용해서 만든 식품이 좋다고 할 수는 없다.

트랜스지방은 뇌세포 중에서 호르몬 분비를 조절하는 기능을 저하시키는데, 이렇게 되면 성장호르몬뿐만 아니라 생식샘자극호르몬(gonadotropin)이 제대로 조절되지 못해 성조숙증이 생길 위험성이 있다. 그러니 트랜스지방이 많이 들어간 스낵과 과자류는 이제 그만!

성조숙증

우리 아이의 키와 덩치가 또래아이들보다 크다고 해서 무조건 좋아할 일은 아닌 것 같다. 마음의 성장에 비해 몸의 성장이 월등히 앞서면 여러 문제점이 나타나기 때문이다.

성조숙증은 남자아이보다 여자아이에게 더 많이 나타나는데, 만 2~3세에 유선이 발달하고, 만 8세 이전에 초경을 시작하며, 남자아이는 만 9세 이전에 고환이 발달한다. 성조숙증은 병적인 요인도 있지만 요즘은 소아비만, 스트레스 등 환경적 요인으로 인해 크게 늘고 있다.

성조숙증의 가장 큰 문제점은 성호르몬이 분비되면서 성장호르몬이 감소해 더 이상 키가 크지 않는 것이다. 두 번째 문제점은 마음이 몸을 따라가지 못해서 아이가 자신의 몸 상태를 비관할 수 있다는 것이다. 또래아이들보다 큰 키, 큰 덩치, 봉긋한 유방, 큰 고환으로 인해 친구들의 놀림을 받을 수 있고, 놀림이 반복되면 자신의 처지를 비관하는 심각한 결과를 가져올 수 있다.

성조숙증을 방지하려면 체중을 늘리지 않으면서 맛있는 음식을 만들어주고, 운동을 습관화해 비만을 방지해야 한다. 간혹 엄마들 중에는 아이의 몸 상태와 생활습관, 식습관 개선에는 관심 없이 성장을 촉진하는 약에 의존하는 경우가 있다. 부모의 이런 나태한 행동이 아이의 성장 발육을 방해하는 데 더욱 큰 역할을 한다는 것을 명심하자.

건강을 위한 필수 양념공식!
간장, 소금, 설탕… 효과적으로 사용하기

요리를 한참 공부하면서 배운 원칙은 '요리는 과학이다'라는 말이다.
학생 시절 배운 이 말을 지금 내가 제자들에게 다시 하고 있다.
"요리는 과학이다. 다시 말해 양념도 과학이다."
그런 의미에서 양념의 기본이 되는 간장, 소금, 설탕에 대한 똑 부러지는 결론!

1 조림간장 vs. 국간장 vs. 맛간장

각종 첨가물이 들어간 조림간장을 국간장으로 만든
것이 맛간장이다. 맛간장은 조림, 무침 등에 다양하
게 사용할 수 있다. 만약 국에 사용한다면 기본 맛만
내주고 추가 간을 소금으로 해야 깔끔한 맛을 낼 수
있다.

다양한 조림간장들   맛간장

2 소금 vs. 녹차소금

요리를 하면 할수록 다양한 조미료 중에서 소금만큼
은 손맛에 따라야 한다는 생각이 강해진다. 엄마의
할머니, 그 윗대의 할머니께서도 사용하신 그 방법
말이다.

천일염(굵은소금)

소금도 여러 종류가 있는데, 찌개나 국의 마지막 간은 꽃소금으로 해주는 것이 칼칼함과 깔끔함을 동시에 줄 수 있다. 천일염은 말 그대로 김장철에만 필요한 소금이다. 하지만 그것을 볶아서 몸에 좋은 식재료와 섞고 갈면 몸에 좋은 성분으로 재탄생한다. 그것이 녹차소금이고, 버섯마늘소금이다.

녹차소금은 어떤 음식이든 잘 어울린다. 하지만 국이나 찌개에 넣었을 때 뭔가 빠진 느낌이 들 때가 있을 것이다. 그럴 때는 꽃소금으로 간을 마무리하자.

꽃소금

녹차소금

❸ 설탕 vs. 물엿 vs. 과일과 채소즙으로 내는 단맛

음식을 만들 때 설탕이 단맛을 내주는 일을 도맡아왔다면, 물엿은 윤기와 점성을 내는 데 사용됐다. 하지만 이젠 미련 없이 이들을 멀리 떠나보내자. 대신 과일즙, 채소즙, 꿀을 그들의 자리에 올리자.

다양한 과일즙 & 채소즙들

자연의 건강,
제철 식재료엔 무엇이 있을까?

❶ 1월

- **채소** : 우엉, 연근 등 뿌리채소
- **해산물** : 굴, 키조개, 명태, 대구, 해삼
- **과일** : 귤
- **기타** : 호두

| 해야 할 일 |

귤껍질을 말리세요.

❷ 2월

- **채소** : 시금치(섬초), 쑥갓, 고비, 봄동
- **해산물** : 김, 청각, 다시마, 파래, 전복, 굴
- **과일** : 사과
- **기타** : 유자

| 해야 할 일 |

봄동을 많이 드세요. 비타민 C가 정말 많이 들어 있답니다.

❸ 2월

- **채소** : 봄동, 돌미나리, 쑥, 달래, 냉이, 씀바귀, 고들빼기, 땅두릅, 부추 등 다양한 봄채소
- **해산물** : 물미역, 대합

● **과일** : 금귤, 딸기

| 해야 할 일 |

채소들로 장아찌를 담그시고, 말릴 것은 말려주세요. 특히 달래, 냉이, 두릅은 살짝 데쳐서 냉동실에 보관하면 1년 내내 먹을 수 있어요.

물미역을 말려요. 말리기가 힘들다면 나물과 무침회로 많이 먹어두세요.

딸기로 딸기청을 만들어두세요. 아니면 딸기를 잘 씻어서 냉동실에 보관하세요. 1년 내내 다양한 요리로 활용할 수 있어요.

④ 5~7월

● **채소** : 완두콩, 오이, 마늘종, 햇감자, 애호박
● **해산물** : 오징어, 준치, 병어, 멸치
● **과일** : 매실, 토마토, 참외, 수박

| 해야 할 일 |

완두콩은 꼭 껍질 까서 냉동실에 보관하세요. 마늘종과 햇마늘, 백오이로 장아찌를 담그세요.

매실로는 매실청을, 토마토로 식초와 토마토페이스트를 만들어두세요. 참외는 덜 익은 것으로 장아찌를 담가두시고, 수박은 먹고 남은 흰색 껍질을 말려서 차로 끓여 드세요. 그러면 다이어트에도 도움이 되고 피부미용에도 좋아요.

⑤ 8월

● **채소** : 오이, 풋고추, 옥수수, 양배추, 깻잎, 감자, 고구마순
● **해산물** : 전복, 성게, 잉어, 장어
● **과일** : 메론, 복숭아, 포도, 수박

| 해야 할 일 |

옥수수는 낱알을 떼어서 찰옥수수와 메옥수수로 나누어 말린 뒤 보관하면 다양한 아이들 간식과 맛있는 잡곡밥에 이용할 수 있어요. 옥수수염도 꼭 챙기세요.

포도로 포도즙을 내고, 복숭아는 병조림을 만드세요.

6 9~10월

- **채소** : 토란, 고들빼기, 표고버섯, 느타리버섯, 송이버섯
- **해산물** : 해파리
- **과일** : 배, 사과, 무화과, 밤, 은행
- **기타** : 국화, 인삼

| 해야 할 일 |

버섯은 말려두세요.

배와 사과는 즙을 만들어두고, 사과를 이용해 잼도 만들어요. 밤은 신문지에 한 번 싸서 김치냉장고에 보관하세요. 은행은 미리 까서 냉동실에 보관하세요.

국화는 말려서 국화차를 만들어 드세요.

7 11~12월

- **채소** : 배추, 무, 파
- **해산물** : 김, 옥돔, 방어, 연어, 참치, 참돔, 대구, 성게, 오징어
- **과일** : 배, 사과, 귤

| 해야 할 일 |

김장을 담급니다. 김장하고 남은 배추는 소금에 절여서 비닐에 담아 김치냉장고에 넣어두면 다음해 2~3월까지 먹을 수 있어요.

우리 아이 먹을 거리
어떻게 고를까?

1 채소류

● **우엉**
- **고를 때는** : 바람이 들지 않고 너무 건조하지 않는 것, 껍질에 흠이 없고 매끈한 것, 수염뿌리나 혹이 없는 것, 잘랐을 때 부드러운 것이 좋아요.
- **보관은** : 햇볕에 말렸다가 신문지에 싸서 두어요. 잘게 썬 반가공 상태는 냉동고에 넣어 보관해요.

● **감자**
- **고를 때는** : 표면이 매끄럽고 둥그스름하고 껍질이 얇은 것이 좋아요. 싹이 나거나 흠집 있는 것은 피해요.
- **보관은** : 서늘하고 어두운 곳에서 종이상자에 보관하세요. 사과 1~2개와 함께 두면 싹이 나는 것을 방지해요.

● **고구마**
- **고를 때는** : 모양이 고르고 표면이 매끈하고 단단한 것이 좋아요. 진흙에서 자란 것으로 색이 밝고 선명한 붉은색인 것을 골라요.
- **보관은** : 신문지에 싸서 통풍이 잘 되는 곳에 보관해요. 냉장 보관은 좋지 않으니 피하세요.

● **애호박**
- **고를 때는** : 꼭지가 신선하고 눌렀을 때 단단한 것이 좋아요. 윤기 나고 색이 선명한 것을 골라요. 겉에 흠집이 있거나 누렇게 들뜬 것은 좋지 않아요.
- **보관은** : 신문지나 종이에 싸서 차가운 곳에 두어야 싱싱해요.

● **단호박**
- **고를 때는** : 색이 고르게 짙고 단단하며 무거운 것이 좋아요.
- **보관은** : 어둡고 서늘한 곳에 보관하고 오래 보관할 때는 씨를 제거하고 토막을 낸 후 랩에 싸서 냉장 보관하세요.

● 당근
- **고를 때는** : 표면이 매끄럽고 단단하며 모양이 바른 것을 골라요. 뿌리로 갈수록 심이 가는 것이 맛도 연해요.
- **보관은** : 흙을 털지 말고 싹 부분을 잘라내고 신문지에 싸서 보관해요. 씻은 것은 비닐 봉투에 밀봉해 보관하세요.

● 배추
- **고를 때는** : 모양이 둥근 것이 좋아요. 속색은 진한 노란색에 고소한 맛이 나는 것이 좋아요.
- **보관은** : 신문지에 여러 겹 싸서 통풍이 잘되는 곳에 보관해요.

● 토마토
- **고를 때는** : 붉은 빛깔이 선명하고 탱탱하며 꼭지가 오그라들지 않고 단단한 것이 좋아요.
- **보관은** : 통풍이 잘되고 해가 들지 않는 상온에서 10일간은 괜찮아요.

● 대파
- **고를 때는** : 흰 부분이 길고 단단하며 무거운 것이 좋아요.
- **보관은** : 파는 화분에 심어놓고 뽑아 써도 좋아요. 굵게 채썰어 냉동실에 보관해도 오랫동안 싱싱하게 보관할 수 있어요.

● 표고버섯
- **고를 때는** : 갓이 두껍고 너무 많이 피지 않은 것이 좋아요. 색이 선명한 것을 골라요.
- **보관은** : 손질하여 수분이 날아가지 않게 밀봉하여 냉장보관 해요. 햇볕에 말려 건조표고로 이용해도 좋아요.

● 양파

- **고를 때는** : 껍질이 잘 말라 윤기 나고 단단하며 색이 붉고 선명한 것이 좋아요.
- **보관은** : 종이 봉투에 담아 통풍이 잘되는 서늘한 곳에 보관하세요.

● 오이
- **고를 때는** : 꼭지가 싱싱하고 녹색이 짙고 윤기가 있는 것이 좋아요. 오돌도톨하고 탄력 있는 것을 골라요
- **보관은** : 신문지에 싸서 비닐에 담아 채소실에 보관하세요. 냉장고에 오래두면 물러지기 쉬우니 당일 먹는 것이 좋아요.

● **브로콜리**

- **고를 때는** : 빽빽하고 색이 선명한 녹색이 좋아요. 봉우리가 볼록한 것을 골라요
- **보관은** : 살짝 삶아서 봉지에 담아 냉장 보관해요.

2 열매류

● **호두**

- **고를 때는** : 무게감이 있고 껍질을 까지 않은 것이 좋아요.
- **보관은** : 껍질 채 밀폐용기에 담아 냉동 보관해요.

● **잣**

- **고를 때는** : 윤기 있고 씨눈이 거의 없는 것이 좋아요. 크기가 고른 것을 골라요.
- **보관은** : 어둡고 서늘한 곳에 껍질 채 보관해요. 냉동 보관해도 좋아요.

● **땅콩**

- **고를 때는** : 껍질이 잘 부서지지 않고 붙어 있는 것을 골라요.
- **보관은** : 밀봉하여 서늘한 곳에 보관해요. 냉동 보관해도 좋아요.

● **밤**

- **고를 때는** : 알이 굵고 도톰하며 윤기 나는 것을 골라요. 구멍난 것은 피해요
- **보관은** : 비닐봉지에 밀봉해 영하 1도 정도에서 보관해요.

● **대추**

- **고를 때는** : 껍질이 깨끗하고 윤기 나는 것을 골라요.
- **보관은** : 밀봉하여 냉동 보관해요.

❸ 과일류

● **사과**
- **고를 때는** : 색이 진하고 껍질에 탄력이 있고 단단한 것이 맛있어요. 겉이 끈끈한 것은 피해요
- **보관은** : 따로 봉지에 넣어 냉장 보관해요.

● **바나나**
- **고를 때는** : 껍질에 갈색 반점이 있을 때가 가장 잘 익었을 때에요.
- **보관은** : 가급적 실온에 보관해요. 신문지에 싸서 냉장 보관하면 이 상태가 3일간은 유지돼요.

● **키위**
- **고를 때는** : 껍질이 윤기 있는 갈색을 띠고 모양이 고르며 약간 말랑말랑한 것이 좋아요.
- **보관은** : 상온에서 2~3일 두면 잘 익어요. 사과와 함께 냉장 보관하면 싱싱하게 먹을 수 있어요.

● **딸기**
- **고를 때는** : 붉고 윤기 나며 끝부분이 하얗지 않은 것이 좋아요. 꼭지가 마르지 않고 싱싱한 것을 골라요.
- **보관은** : 씻지 말고 비닐봉투에 밀봉해 냉장실에 보관해요.

❹ 육류

● **소고기**
- **고를 때는** : 살이 선홍색이고 선명하고 단단한 것이 좋아요. 지방 색깔은 크림색 나는 것이 맛있어요.
- **보관은** : 표면이 마르지 않게 랩으로 싸서 냉장 보관해요. 오래 두고 먹을 거면 냉동고에서 1개월간 보관할 수 있어요.

● **돼지고기**
- **고를 때는** : 색이 선명하고 윤기 있는 담홍색으로 기름지고 살코기가 두꺼운 것이 좋아요. 지방은 희고 단단하고 끈기가 있는 것이 좋아요.
- **보관은** : 냉장 보관해요. 바로 먹지 않는다면 밀봉해서 공기를 완전히 뺀 뒤 냉동 보관하세요.

● 닭고기

- **고를 때는** : 살빛이 분홍색을 띠고 껍질이 투명하고 크림색을 띠는 것이 신선해요.
- **보관은** : 냉장 보관하세요.

5 어패류

● 오징어 · 낙지

- **고를 때는** : 살이 투명하고 유백색이 나는 것이 좋아요. 껍질이 있는 것은 진한 갈색이 좋아요. 낙지는 우 윳빛을 띠는 것이 좋아요.
- **보관은** : 밑손질을 해서 씻지 않은 상태로 랩에 싸서 냉동 보관해요.

● 새우

- **고를 때는** : 몸이 투명하고 윤기가 나며 단단한 것이 좋아요.
- **보관은** : 소금물에 씻어 냉동 보관하세요. 껍질과 머리 부분은 국물을 우려낼 때 쓰면 좋아요.

● 조개류

- **고를 때는** : 입을 다물고 비린내가 나지 않는 것을 골라요. 굴은 살이 우윳빛이 나고 단단한 것이 좋아요.
- **보관은** : 조개는 소금물에 해감해 신문지에 싸서 냉장 보관하거나 국물을 만들어 냉장 보관하세요.

사철 싱싱한 식재료 먹는 비법!
채소 말리기 & 과일 말리기

① 식재료 건조의 기초

● **건조시키는 두 가지 방법**
- **자연건조** : 자연광과 공기로 말린다.
- **인공건조** : 선풍기나 건조기를 이용해서 실내에서 말린다.

● **건조 과일과 건조 채소의 사용 목적**
- **채소** : 나물이나 밥을 만들 때 식재료로 사용하고, 또 가루로 내어 조미료나 조리에 필요한 색소로 사용한다.
- **과일** : 주식 대신 먹을 수 있는 식사식과 과자 대신 먹을 수 있는 천연의 간식, 조미료를 만드는 데 사용한다.

● **건조 시 주의점과 보관법**
- **자연광과 공기로 말릴 때**
  - 냉이, 달래, 열무, 배추 등 나물류는 김이 오른 찜기에서 살짝 쪄서 말린다.
  - 호박, 늙은 호박, 고추, 버섯의 채소와 사과 등의 과일류는 편으로 썰어 채반에 말린다.
  - 하루에 한 번은 꼭 뒤집어주어야 한다.
  - 공기가 잘 통하는 곳에서 말린다.
  - 베란다나 넓은 거실에서 단시간에 말리려면 선풍기 바람을 지속적으로 쐬어주어야 한다.
  - 건조가 끝나면 말린 날짜, 식재료의 이름을 적어 진공 병에 보관하고 뚜껑에 방습제를 붙여서 보관한다.

- **전용 건조기로 말릴 때**
  - 집에서 쓰고 남은 자투리 채소를 말릴 때 실용적이다.
  - 자연광과 공기로 말릴 때보다 색과 향을 살리는 데 유리하다.
  - 일반 자연광과 공기로 말릴 때보다 수분이 더 많이 빠진다는 단점이 있다.
  - 바나나, 딸기 같은 당분이 많은 과일을 건조시킬 때 좋다.
  - 건조가 끝나면 먹을 만큼씩 나누어서 냉동실에 보관한다.

❷ 집에서도 손쉽게 식재료를 말릴 수 있다!

● 사과 말리기

- **건조 사과의 용도** : 맛기름, 맛간장 또는 간식으로 이용할 수 있다.
- **건조 시 주의할 점** : 갈변 현상을 막는 것이 중요하다. 레몬즙을 살짝 뿌려서 말리거나, 식초물에 살짝 담갔다가 꺼내서 말리면 색의 변화가 거의 없다.

 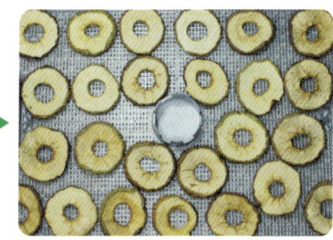 

● 바나나 말리기

- **건조 바나나의 용도** : 바나나는 건조시켜서 자연간식으로 사용하면 최고다. 술안주에도 좋고, 피곤할 때, 식사 대용식으로 아침에 우유 한 잔과 함께 먹으면 든든하다.
- **건조 시 주의할 점** : 껍질에 검은 반점이 생긴 잘 익은 바나나를 말리는 것이 좋다. 썰지 말고 통째로 말리는 것이 좋고, 필요하다면 먹기 좋은 크기로 잘라서 말려도 된다. 자연광과 공기보다는 전용 건조기로 말리는 것이 당도 유지 면에서 훨씬 좋다.

● 딸기 말리기

- **건조 딸기의 용도** : 캘로그처럼 과자처럼 먹을 수 있는 자연식 과자다.
- **건조 시 주의할 점** : 싱싱하고 큰 것으로 선택해 2등분하거나 편으로 썰어 말린다. 전용 건조기로 말리면 당도나 빛깔을 유지할 수 있다.

● 도토리묵

- **건조 도토리묵의 용도** : 건조 도토리묵은 고기 대신 사용할 수 있다. 고기보다 더 부드럽고 더 고소하고 씹는 맛 또한 더 좋다. 특히 잡채에 고기 대신 넣으면 색다른 맛을 느낄 수 있다. 씹는 맛이 좋아 장조림, 볶음장아찌로도 활용할 수 있을 뿐만 아니라 오랫동안 보관이 가능해 언제 어디서나 즐길 수 있다.

- **건조 시 주의할 점** : 자연광과 공기로 말린다. 국산 도토리묵을 구한 다음 묵칼로 썰어서 채반에 넣어 말린다. 채반은 플라스틱 제품이 좋다. 대나무로 만든 채반은 세척하기도 힘들고, 건조된 도토리묵을 뗄 때 대나무까지 함께 떨어져 별로 좋지 않다.

● 새송이버섯 등의 버섯류

- **건조 버섯의 용도** : 건조 버섯은 다양한 요리로 응용할 수 있는데 고기 대신 국물요리나 튀김요리에 활용할 수 있고 장아찌, 장조림, 볶음으로도 활용할 수 있다. 가루 내어서 양념으로 사용하면 더욱 편하게 사용할 수 있다.

- **건조 시 주의할 점** : 자연광과 공기로 말린다. 큰 것은 편으로 썰어서 한지나 신문지에 올려서 말린다. 집에서 쓰고 남은 버섯은 식탁 위에서도 손쉽게 말릴 수 있다.

건조 양송이버섯

건조 팽이버섯

건조 표고버섯

● **당근, 양파, 시금치, 고추, 가지, 호박 등**

- **건조 채소의 용도** : 손쉽게 다양한 요리에 응용 가능하다.
- **건조 시 주의할 점** : 먹고 남은 것을 냉장고에 넣어두면 있는지 없는지 모르게 썩어간다. 편으로 썰어서 자연광과 공기로 말리자. 당근의 경우는 잘게 썰어서 말리는 것이 좋다.

건조 당근

건조 시금치

건조 가지

● **대파, 대파의 뿌리, 배 껍질, 수박 껍질 등**

- **건조 대파, 수박 껍질의 용도** : 요리할 때 대파는 대부분 흰 부분만 사용하고, 초록 부분과 대파 수염은 잘 사용하지 않고 버리기 일쑤다. 하지만 이들을 말리면 감기 치료에 좋은 차로 변할 수 있다. 수박 껍질도 마찬가지다. 아주 좋은 다이어트차로 변하고, 감기에도 효과적이다.
- **건조 시 주의할 점** : 전용 건조기로 건조하는 것이 좋다.

건조 대파

건조 대파수염

건조 배껍질

좋은 재료를 구할 수 있는
온라인 & 오프라인 상점

● **유기농산물 전문 쇼핑몰**
참거래 농민장터

http://www.farmmate.com

● **친환경 농산물 전문 쇼핑몰**
자연먹거리 자연마루

http://www.marumarket.co.kr

● **유기농 베이커리 전문업체**
자연드림

http://www.naturaldream.co.kr

● **무농약 유기농산물 전문업체**
한살림

http://www.hansalim.or.kr

● 안전한 먹을거리를 나누는 생활공동체
두레생협연합회

http://www.saenghyup.or.kr

● 윤리적 소비로 인간다운 삶을 추구하는 곳
한국생협연합회

http://www.www.coop.co.kr

집에서도 쉽게 따라하는
엄마표 계량법.
이렇게 사용해요~

집에서는 계량컵이나 계량수저가 준비되지 못하는 경우가 많이 있죠.
그럴 때 전 계량컵 대신 종이컵, 계량수저 대신 숟가락을 이용합니다.
항상 손만 뻗으면 구할 수 있는 우리 엄마표 계량법, 자 살펴볼까요?

● **수저를 이용할 때**

가루	고체	액체

– 숟가락을 이용했을 때 수북할 정도의 양이에요.

1큰술   1큰술   1큰술

– 숟가락을 이용했을 때 수북이 절반정도의 양이에요.

1/2큰술   1/2큰술   1/2큰술

– 숟가락을 이용했을 때 살짝 떠 올린 것의 양이에요.

1/3큰술

1/3큰술

1/3큰술

● **종이컵을 이용할 때**

액체류 1컵

종이컵 가득. 200cc 에요.

종이컵 반만. 100cc 에요.

가루류 1컵

| 약간 |

한식 요리책에서 보면 약간이라는 양념양이 나온답니다.
그것은 대부분 후추나 소금 등 정말 아주 약간만 사용되는 경우인데 그럴 때는 검지와 엄지로 살짝 잡아준 정도라고 생각하면 됩니다.

| 적당량 |

약간과 또 마찬가지로 적당량이란 단어가 나온답니다.
이럴 때 떨지 마세요.
그것은 엄지와 검지가 약간이라면 여기에 가운데 중지를 합쳐서 잡은 정도랍니다.
가루를 엄지, 검지, 중지로 살살 잡은 정도니까 대충 1/3 작은술 정도가 된답니다.

아이를 위한 엄마의 노력

진짜 천연
조미료 만들기

자연식(自然食)이라면 조미료도 진짜 천연조미료
를 써야겠죠? 단순히 재료를 말리고 갈아 만드는
천연조미료가 아닌 진짜 천연조미료를 소개합니
다. 맛과 영양의 차이를 몸이 먼저 느낄 거예요.
만들기도 아주 쉽답니다. 이참에 조미료를 싹 바
꾸는 건 어때요?

P.127 감자 버섯 채소전

P.165 버섯 미역국

P.205 흑미밥 채소순대

담백함의 절정 녹차소금

고수의 한마디

녹차소금은 음식 맛을 담백하게 만들어요. 과일과 아주 잘 어울리고, 원두를 로스팅할 때 넣으면 기름 성분을 없애 아주 깔끔한 커피의 맛을 느낄 수 있어요.

재료 **준비하기**(1~2개월분)

굵은소금(천일염) 5컵(1kg)
┕ 간수를 안 뺀 소금은 볶을 때 시간도 오래
  걸리고 양이 얼마 안 나오니 간수 뺀 천일
  염을 준비하세요.
녹차가루 1큰술(10g)

1 굵은 소금(천일염)은 고운 체에 담아 흐르는 물에 살짝 헹궈 이물질을 제거한다. 채반에 밭쳐 물기를 뺀다.

2 스테인리스 팬을 달군다. 팬이 뜨거워지면 굵은 소금을 넣고 약한 불로 볶는다. 이때 나무주걱으로 저으면서 볶는데, 반드시 마스크를 한다.

3 굵은 소금이 바삭하게 잘 구워지면 불을 끈다. 소금이 식으면 녹차가루와 섞어서 믹서에 넣고 곱게 갈아준다.

무공해 맛내기비법

스테인리스 팬과 마스크

소금을 볶을 때는 스테인리스 팬에서! · 그 이유는 굵은 소금의 모양 때문이에요. 굵은 소금은 바닷물을 염전으로 끌어와 바람과 햇빛으로 수분과 유해 성분을 증발시켜 만든 천연소금이잖아요. 자세히 들여다보면 굵고 반투명한 육각형이랍니다. 만일 굵은 소금을 코팅된 팬에 넣고 볶으면 코팅 물질이 벗겨져 소금과 섞이고, 이렇게 만들어진 소금으로 간을 맞추면 유해한 코팅 물질을 고스란히 섭취하는 셈이 됩니다.

꼭 마스크를 착용하자 · 굵은 소금을 볶으면 지독한 냄새가 나는데, 이는 굵은 소금에 들어 있는 유해한 성분이 공기 중으로 날아가면서 발산되는 거예요. 혹 유해한 냄새가 인체에 나쁜 영양을 줄 수 있으니 마스크는 꼭 착용하고, 한꺼번에 너무 많은 양을 볶지 마세요.

이렇게 사용하세요 · 보관용기 : 진공유리병 · 사용기간 : 약 1년 · 보관장소 : 실온
나트륨을 많이 날려 보내 시판 소금보다 짠맛이 덜해요. 하지만 음식 맛을 아주 담백하고 깔끔하게 만들어준답니다. 시중에서 파는 녹차소금은 추천하지 않아요. 녹차소금을 만들 시간이 없거나 직접 만든 녹차소금이 떨어졌다면 죽염을 사용하세요.

• 버섯마늘소금 관련요리 •

P.157 누드잡채

P.163 봄동된장국

P.167 감자국

고기요리에 좋아 버섯마늘소금

고수의 한마디

탕과 고기 요리에 아주 잘 어울리는 소금이에요. 특히 매운탕에 넣으면 시중에 나와있는 버섯다시다와 같은 감칠맛을 낸답니다. 식구들이 고기를 즐겨먹는다면 이 버섯마늘소금을 꼭 만들어두세요.

굵은 소금(천일염)	5컵(1kg)
건조 마늘	1/2컵(30g)
건조 새송이버섯	5개분(50g)

└, 새송이버섯은 냄새 없이 바싹 말려주세요.
마늘은 살짝 쪄서 말려야 마늘의 진액을
제거할 수 있어요. 말리는 법은 ??쪽을 참
고하세요.

1 굵은 소금(천일염)은 고운체에 담아 흐르는 물로 살짝 헹군 뒤 물기를 뺀다.

2 스테인리스 팬을 달군다. 뜨겁게 달궈진 팬에 굵은 소금을 넣고 약한 불로 저으면서 볶는다. 이때 반드시 마스크를 한다.

3 건조 새송이버섯은 먹기 좋은 크기로 썬 후 약한 불로 뭉근히, 고소한 맛이 날 때까지 볶는다.

4 볶은 소금이 식으면 익힌 새송이버섯과 건조 마늘을 섞어 믹서에 넣고 곱게 간다.

무공해 🍴
맛내기비법

천연 조미료 100배 활용 비법

빛깔이 있는 천연조미료는 자체 빛깔이 강하니 국물요리를 할 때는 그 국물과 맞는 빛깔의 천연조미료를 사용하세요.
예를 들어, 무국을 끓일 때는 국간장보다는 녹차소금으로 맛을 내주면 훨씬 깔끔한 맛이 나
고, 된장국이나 시래기무침에는 녹차소금보다는 구수한 버섯마늘소금이 더 잘 어울리
고, 김치볶음에는 매운 고추기름보다는 맛기름이 더욱 맛을 부드럽게 하고 색도 윤
기 나게 해준답니다.

이렇게
사용하세요

• 보관용기 : 진공유리병 • 사용기간 : 약 1년 • 보관장소 : 실온

시중에 버섯소금이 있긴 한데, 천연의 버섯가루가 아니라 인공적인 냄새가 나서 음식 맛을 버리게 되더군요. 만약 버
섯마늘소금이 없다면 그냥 꽃소금이나 죽염을 사용하시는 것이 음식맛을 보존할 수 있는 방법이랍니다.

맛있는 조선간장 맛간장

고수의 한마디

쉽게 만들 수 없어 매번 사먹기만 했던 조선간장을 양조간장으로 만들어요. 짜기만 한 시골의 조선간장과는 달리 달콤함이 살짝 감돌아 맛있답니다. 시골의 깊은 맛이 살아 있는 맛간장으로 맛있게 요리하세요.

맛간장 관련요리

P.139 황태포 샐러드구이

P.149 여름 콩나물무침

P.153 홍합조림

샘표 조선간장	1병(750ml)	무	1/5개(200g)
물	4컵(800ml)	생강	1~2쪽(4g)
다시마	5×5cm 1조각	양파	1/2개(100g)
건조 사과	1/2개분(20g)	흑설탕	3큰술(60g)
건조 새송이버섯	2개분(25g)	조청	1컵(200ml)
건조 표고버섯	1장(12g)	청주	1컵(200ml)

1 조청과 청주를 뺀 나머지 재료들을 큰 냄비에 담고 센 불로 끓인다. 보글보글 끓기 시작하면 다시마는 건지고 약한 불로 줄여서 1/3만 조린다.

2 끓인 간장을 체에 밭쳐 건더기를 거른다.

3 건더기를 거른 간장을 팬에 옮겨 담고 조청을 넣어 중간 불로 끓인다. 거품이 보글거리며 끓으면 청주를 붓고 한소끔 끓인 뒤 식힌다.

4 간장이 완전히 식으면 유리병에 넣는다.

무공해 맛내기비법

샘표 조선간장

굳이 샘표 조선간장으로 만드는 첫 번째 이유는 집집마다 조선간장의 염분 농도가 다르기 때문입니다. 우리나라는 전통적으로 내려오는 손맛이 다르고 지역마다 담는 방식이 다를 뿐만 아니라, 옹기에 담아두는 시간 또한 달라서 짠 정도가 제각각이잖아요. 두 번째 이유는, 우리나라에 시판 중인 조선간장 중에 메주로 만든 유일한 조선간장이기 때문이랍니다. 만일 진짜 조선간장을 사용하고 싶다면 샘표 조선간장과 맛을 비교한 다음 짠 정도에 따라 조청과 채소, 물의 양을 조절하세요.

이렇게 사용하세요

• 보관용기 : 유리병　• 사용기간 : 약 3개월　• 보관장소 : 실온

맛간장은 짭조름하면서 달콤한 맛이 난답니다. 만약 맛간장이 없다면 일반 국산 콩 조림간장을 사용하시면 되는데, 시중에서 판매하는 것은 색이 더욱 진해요. 시판 제품을 사용할 때는 맛간장보다 10% 정도만 적게 넣은 다음 식성에 따라 녹차소금으로 추가 간을 해주세요.

깔끔한 뒷맛 맛기름

고수의 한마디

맛기름은 여러 가지 마른 채소를 넣어 만들었어요. 맛기름에 들어간 채소 중에 귤피는 천연방부제 역할을 하고, 파는 비타민·칼슘·철분이 풍부해 위의 기능을 돕고 감기의 악화를 막는답니다. 파는 생선에 기생하는 독을 해독시키고, 생선이나 고기에서 나는 잡냄새를 중화시켜요.

풋고추	1개(80g)	**기름**	5컵(1000ml)
양파	1/2개(100g)	(무색, 무미, 무취의 식물성 기름)	
대파 흰 부분	5cm(40g)	↳ 기름은 포도씨유가 제일 좋지만 너무	
건조 귤피	1개분(25g)	비싸죠. 조금 저렴한 식용유에 몸에	
그 외 건조 과일과		좋은 채소들을 잘 말려 넣으면 우리	
건조 채소	20g씩	가족을 위한 고급스런 맞춤 맛기름이	
↳ 먹다 남은 과일·채소를 말려요.		탄생해요.	

1 고추는 씨를 제거하고, 양파는 겉껍질만 준비한다. 만일 양파의 안쪽을 사용하면 매운맛이 많이 난다.

2 기름 2컵을 채소와 함께 약한 불에서 끓인다.

3 기름이 살짝 끓어오르기 시작하면 기름 3컵을 더 넣고 약한 불에서 끓인다.

4 기름이 보글보글 끓어오르면 불을 끄고 식힌다.

무공해 맛내기비법

건조 채소와 깨끗한 기름

건조 채소를 넣자 • 건조시킨 채소로 맛기름을 만들면 맑고 투명한 맛기름이 나와서 어떤 요리에도 활용할 수 있어요. 채소와 과일은 따로 구입할 필요 없이 집에서 쓰다 남은 채소나 과일을 바싹 말려서 사용하세요.

무미(味), 무색(色), 무취(臭)의 식물성 기름을 사용하자 • 과일과 채소의 맛과 영양을 그대로 유지하려면 기본이 되는 기름이 맑고 깨끗해야 해요.

기름의 가열온도는 70℃ 이하로! • 아주 약한 불로 뭉근히 가열해야 기름의 산화와 산폐를 막을 수 있어요.

이렇게 사용하세요

• 보관용기 : 유리병 • 사용기간 : 약 3개월 • 보관장소 : 실온

시중에는 맛기름이 나와 있지 않아요. 맛기름은 여러 가지 과일과 채소로 만들어진 순수하고 깨끗한 기름으로, 전을 부칠 때나 고기요리, 나물요리 등 다양한 요리에 식용유를 대신해서 사용하면 됩니다. 맛기름에 한번 빠지면 헤어나올 수 없어요! 맛기름을 대신 할 시판 제품은 식용유보다는 포도씨유가 좋아요.

 • 녹차기름 관련요리 •

P.109 두부오보로 달걀말이

P.213 흑미찹쌀케이크

향긋한 녹차 향 녹차기름

고수의 한마디 녹차기름은 녹차의 향이 우러나와 향긋하고 깔끔해요. 녹차기름을 처음 만들면 달걀프라이를 꼭 해보세요. 노른자의 비릿한 맛을 전혀 느낄 수 없답니다. 이때 녹차소금까지 이용하면 더욱 좋겠죠!

재료 **준비하기**(1~2개월분)

기름(무색, 무미, 무취의 식물성 기름)
　　　　　　　　　　　　　　5컵(1000ml)
묵은 녹차잎　　　　　　　1큰술(20g)

1 묵은 녹차잎은 찬물에 약 30분 정도 담가서 쓴맛을 뺀 후 물기를 꼭 짠다.

2 약한 불로 달군 팬에 물기를 최대한 뺀 녹차잎을 넣고 촉촉한 기가 있을 정도로 덖는다.

3 덖은 녹차잎은 다른 그릇에 담아둔다.

4 팬에 기름을 붓고 덖은 녹차잎을 넣은 후 아주 약한 불로 뭉근히 끓인다.

5 녹차잎에서 수분이 빠져나오는 듯한 기포가 생기기 시작하면 3~5분 후 불을 끈다.

6 기름이 완전히 식으면 녹차잎과 함께 투명한 유리병에 병에 담는다.

무공해 맛내기비법　　　　　　　　　　　　　　　　　**녹차잎 덖기**

녹차잎은 아주 약한 불로 덖어야 수분이 많이 날아가지 않아요. 녹차잎을 덖을 때 손으로 하면 팬의 온도를 바로 느낄 수 있어 좋아요.

이렇게 사용하세요　• 보관용기 : 유리병　• 사용기간 : 약 3개월　• 보관장소 : 실온

녹차기름은 생선요리, 전, 달걀요리, 드레싱을 만들 때 넣으면 잡냄새를 없애면서 은은한 향을 내서 참 좋아요. 시중에는 녹차기름이 나와 있지 않아요. 녹차기름이 없다면 포도씨유를 사용하세요.

· 약선기름 관련요리 ·

P.131 마늘햄 배추샐러드

한약재로 만드는 약선기름

**고수의
한마디**

약선기름은 고기를 구워 먹을 때, 햄처럼 유해 성분이 많이 들어 있다고 생각되는 가공식품을 먹을 때 사용하면 아주 좋아요. 고추기름이 함께 들어가서 비만의 염려를 줄일 수 있답니다.

황기	2줄기(60g)	**기름**(무색, 무미, 무취의 식물성 기름)	
당귀	1/2컵(20g)		5컵(1000ml)
		고추기름	5큰술(75ml)

└, 반드시 국산을 고르세요. 국산 한약
재를 구매할 때는 산지 직거래나 농
협을 이용하는 방법이 좋습니다.

1 황기는 가위로 잘게 잘라서 흐르는 물에 씻은 뒤 키친타월로 꾹꾹 눌러 물기를 완전히 제거한다.

2 당귀는 흐르는 물에 씻은 뒤 키친타월로 꾹꾹 눌러 물기를 완전히 제거한다.

3 황기와 당귀를 각각 다른 팬에서 볶는다. 따로 볶는 것은 황기와 당귀를 함께 볶으면 굵기와 면적이 작은 당귀가 타기 때문이다.

4 따로 볶은 황기와 당귀를 한 냄비에 담고 기름을 부은 다음 중간 불로 끓인다. 보글보글 끓으면 약한 불로 줄여서 20~30분 정도 더 끓인 뒤 불을 끄고 기름을 식힌다.

5 기름이 완전히 식으면 황기와 당귀를 꺼내고 고추기름을 넣어 섞은 뒤 살짝 더 끓인다.

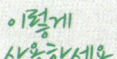
무공해
맛내기비법

좋은 황기와 당귀 구별법

• **황기 구별법**		• **당귀 구별법**	
국내산	– 가늘고 고르지 않다.	국산당귀	– 절편이 크고, 잔뿌리가 많다.
	– 껍질이 벗겨져 있다.		– 껍질은 황갈색이고 안쪽은 어두운 황생 중심부는 흰색이다.
	– 머리부분이 달려 있다.		
	– 작고 가늘며 조직이 단단하다.		– 향이 강하고 맛이 약간 쓰며 달다.
수입산	– 굵고 고르다.	수입당귀	– 절편이 잘고, 잔뿌리가 섞여있지 않다.
	– 껍질이 그대로 있다.		– 껍질은 옅은 갈색이며 속은 옅은 노란색이다.
	– 머리가 없고 몸통만 있다.		
	– 작은 잔뿌리가 붙어 있지 않으며, 뿌리가 곧다		– 향기가 거의 없고 맛은 달다.

이렇게
사용하세요

• 보관용기 : 유리병 • 사용기간 : 약 3개월 • 보관장소 : 실온

황기와 당귀는 누구나 먹을 수 있는 한약재로, 면역을 증강시키고 혈액을 만들면서 유해성분을 배출시키는 효과가 있어요. 그래서 고기요리나 햄, 소시지로 요리할 때 이 약선기름을 넣으면 불순물을 빼주는 작용을 합니다.

만약 약선기름이 없다면 포도씨유를 사용하거나, 식용유에 고추기름을 살짝 섞어서 사용하세요. 고추기름의 캡사이신 성분이 고기나 햄 속의 지방을 제거해줘 비교적 깔끔한 맛의 요리가 탄생해요.

다용도 천연미림 생강청

고수의 한마디

생강청은 자연음식으로 만드는 요리에는 없어서는 안 될 천연조미료예요. 이유는 생강청이 시중에서 파는 맛술 역할을 톡톡히 해주기 때문이랍니다. 또한 피곤할 때 차가운 물에 희석해서 마시면 신진대사를 원활히 해줘 피곤이 풀려요. 멀미가 심한 아이에게 같은 방법으로 주면 좋아요.

· 생강청 관련요리 ·

P.121 실멸치볶음

P.137 관자불고기

P.151 매운 고구마조림

1 시럽의 재료를 냄비에 넣고 중간 불로 뭉근히 끓여 시럽을 만든다.

2 생강은 껍질을 까고 아주 얇게 편으로 썬 뒤 키친타월로 꾹꾹 눌러 물기를 제거한다.

3 유리병에 생강, 청주, 시럽을 넣고 고루 저은 다음 조청을 넣고 다시 고루 젓는다.

4 3~4일간 숙성 시킨 후 사용한다.

무공해 맛내기비법

생강의 녹말기 제거하기

생강은 마늘과 달리 녹말 성분이 들어 있어요. 이것을 굳이 씻어낼 필요는 없는데, 혹시 매운맛을 싫어한다면 반드시 찬물에 담가 녹말 성분을 제거하세요.

이렇게 사용하세요

• 보관용기 : 유리병 • 사용기간 : 약 3개월 • 보관장소 : 실온

생강청은 각종 조림과 생선구이, 음식 맛을 더욱 부드럽게 하고, 식재료의 잡냄새를 없애는 데 써요. 같은 역할을 하는 시판 제품으로는 맛술이 있답니다. 생강청이 없다면 맛술을 이용하라고 이야기하고 싶지만, 맛술은 첨가물이 많이 들어 있어 굳이 권하고 싶지는 않아요. 그러니 생강청이 없다면 청주, 물엿, 생강즙을 1:1:1로 섞어서 사용하세요.

• 흑생강청 관련요리 •

P.153 홍합조림

빛깔이 예쁜 천연미람 흑생강청

고우리
한마디

생강청이 각종 조림과 생선구이를 할 때 잡냄새를 없애는 데 효과적이라면 흑생강청은 쇠고기, 돼지고기 등에 잘 어울리는 조미료예요. 또한 약식, 우엉조림, 연근조림에 넣으면 흑설탕의 양을 줄이면서 예쁜 빛깔을 낼 수 있어요. 차로 마실 수도 있는데, 소주가 들어가니 아이에게는 주지 마세요.

재료 준비하기(1~2개월분)

생강	4쪽(100g)
소주	2컵(400ml)
시럽	
흑설탕 2컵(500g), 청주 3컵(600ml)	

1 생강은 아주 곱게 채썰어서 찬물에 약 10분간 담가 녹말기를 뺀다.

2 흑설탕과 청주를 섞어서 중간 불로 끓인다. 시럽의 흑설탕이 녹으면 채썬 생강을 넣고 한 번 더 끓인다.

3 소주를 붓고 센 불로 우르르 끓인 뒤 불을 끈다. 3~4일간 숙성시킨 후 사용한다.

🌿 건강톡톡!

한방에서는 생강을 건강(乾薑)이라는 약재로 쓰는데, 소화불량·구토·설사에 효과가 있고, 혈액 순환을 촉진하며, 항염증과 진통 효과가 있어요.

무공해 맛내기비법   **불의 세기**

소주의 알코올 성분을 날려주는 것이 중요합니다. 약한 불로 가열하면 알코올 성분이 날아가지 않으니 센 불로 가열하세요.

이렇게 사용하세요

• **보관용기** : 유리병 • **사용기간** : 약 3개월 • **보관장소** : 냉장고

흑생강청 대신 사용할 수 있는 시판 제품은 캐러멜이라는 색소랍니다. 하지만 썩 추천하고 싶지는 않아요. 캐러멜 색소가 싫어서 흑생강청을 개발했거든요. 현재 흑생강청은 너무 유용하게 여러 모로 잘 쓰고 있어요. 만일 흑생강청이 없다면 생강청처럼 청주, 흑설탕, 생강즙을 1:1:1로 섞어서 사용하세요.

• 두부된장다시다 관련요리 •

P.93 자연식 주먹밥

P.111 뚝배기 달걀찜

천연다시다 두부된장다시다

리주리
한마디

우리는 이제까지 '쇠고기다시다'라는 제품을 아무렇지도 않게 거의 모든 음식에 첨가해서 먹어왔어요. 그런데 시중에서 파는 다시다류가 몸에 얼마나 안 좋은 줄 아세요? 입에서 자꾸 쇠고기다시다를 찾는다면 두부된장다시다를 만들어요. 주먹밥, 우동의 고명, 국물 내는 데, 달걀찜에 날치알 대신, 비빔밥 등에 다양하게 활용할 수 있어요.

두부	1/2모(200g)	**참기름**	1/2큰술(7ml)
청양고추	2개(20g)	**다진 양파**	1/2큰술(7ml)
된장	1큰술(20g)	**다진 대파**(흰 부분)	1작은술(10ml)
생강청	1큰술(15ml)	**통깨**	1작은술(5g)
(48쪽 참조)			

1 두부를 칼의 넓적한 부분으로 눌러 으깬 뒤 젖은 베보자기에 싸서 물기를 꼭 짜 고슬고슬하게 만든다.

2 달군 팬에 참기름을 두르고 으깬 두부를 넣어 약한 불로 고슬고슬할 때까지 볶는다.

3 청양고추는 잘게 송송 썬 다음 씨를 털어낸다.

4 된장과 생강청을 고루 섞어 부드럽게 해준 뒤에 볶은 두부, 잘게 송송 썬 청양고추, 다진 양파, 다진 대파, 통깨와 섞는다.

5 채반에 한지를 깔고 ④를 펼쳐놓고 하루 동안 말린다.

건강톡톡!

화학조미료에 들어 있는 MSG는 많이 먹으면 뇌에 장애를 가져오고 면역력이 저하됩니다. 우리 아이들에겐 절대 주지 마세요.

이렇게 사용하세요

- 보관용기 : 진공유리병   · 사용기간 : 실온에서 1개월, 냉장고에서 3개월   · 보관장소 : 실온 혹은 냉장보관

단백질이 가득한 두부로 만들어졌고 화학적 가공 없이 만들어져 안심하고 각종 요리에 활용할 수 있어요. 짠맛이 없으면서 구수한 맛이 기분 좋게 느껴지는 천연디시다인 만큼 다양한 요리에 응용하세요. 국물 낼 때에는 찬물에 넣고 끓여 국물을 내고, 볶음밥이나 나물무침에 사용할 때 마지막 단계에 넣으면 고소한 맛과 함께 톡톡 씹히는 재미도 느낄 수 있어요. 맛은 시판되는 다시다보다 더욱 구수하고 개운해요.

• 두부오보로 관련요리 •

P.109 두부오보로 달걀말이

P.111 뚝배기 달걀찜

천연감치미 두부오보로

고수의 한마디

오보로는 소보로라고도 불리는 일본 식재료예요. 오보로는 흰살생선의 뼈를 제거해 푹 삶은 뒤 다시 세척해 수분을 제거하고 각종 조미료를 혼합해 만들어요. 색소로 색을 내고요. 하지만 제가 만드는 오보로는 두부로 만든답니다. 나물무침에 두부 대신, 맑은 국물 낼 때 감치미나 다시다 대신 넣으면 좋아요.

두부	1/2모(200g)
참기름	1큰술(15ml)

1 두부를 칼의 넓적한 부분으로 눌러 으깬 뒤 젖은 베보자기에 싸서 물기를 꼭 짜 고
슬고슬하게 만든다.

2 달군 팬에 으깬 두부를 넣고 참기름을 뿌린 뒤에 약한 불에서 고슬고슬할 때까지
볶는다.

3 채반에 한지를 깔고 볶은 두부를 널어서 하루 동안 말린다.

무공해 🍴
맛내기비법

천연조미료는 인공 첨가물이 전혀 들어가지 않아서 신경 써서
보관해야 됩니다. 사용할 때 헷갈리지 않도록 보관용기에 이
름과 함께 만든 날짜를 꼭 기입해두세요.

이렇게 사용하세요 ・ **보관용기 : 진공유리병** ・ **사용기간 : 실온에서 1개월, 냉장고에서 3개월** ・ **보관장소 : 실온 혹은 냉장보관**

두부만으로 만든 만큼 구수한 맛은 있지만 개운한 맛이 덜할 수 있어요. 개운한 맛을 원한다면 다시마 5×5cm짜리 1
장을 24시간 정도 우린 물과 함께 사용하세요. 특히 나물무침에 사용하면 고소하고 입맛을 잡아주는 아주 독특한 맛
이 나요.
이유식에서 어른들의 밥반찬까지 책임지는 건강조미료입니다.

빛깔도 맛도 최고 토마토식초

고수의 한마디 🔊

토마토식초는 시중에서 본 적이 없을 거예요. 생협에서 판매되는 것이 있긴 하지만 빛깔이 진해서 맑은 요리에는 어울리지 않죠. 집에서 직접 만든 토마토식초는 빛깔도 맛도 아주 깔끔하고, 영양이 풍부해 다양하게 활용할 수 있어요. 토마토식초를 우유와 섞으면 즉석 요플레가 탄생하고, 물에 토마토식초를 타면 즉석 식초음료가 되어 한 번 만들면 뿌듯함이 오래 가는 천연조미료랍니다.

토마토식초 관련요리

P.61 토마토케첩

P.217 잔멸치토마토 샐러드

1 찰토마토는 꼭지를 제거하고 6~8등분을 한다.

2 손질한 찰토마토를 그대로 병에 담고 식초를 붓는다. 식초를 부어두면 식초 속에서 자연숙성된다.

3 밀봉해서 한 달 동안 숙성시킨 뒤에 활용한다.

이렇게 사용하세요
• 보관용기 : 유리용기 • 사용기간 : 약 1년 • 보관장소 : 실온

토마토식초는 생협에서 판매되는 것이 유일한 시판 제품이에요. 그런데 가격이 너무 비쌀뿐더러 상큼하고 개운한 맛이 적고 떫은맛이 난다는 단점이 있어요. 그러니 토마토식초가 없다면 사과식초로 대체 사용하세요.

보너스 레시피

완두콩 채소전

| 재료 : 완두콩1컵, 양파1/2개. 청고추2개, 홍고추1개, 통밀가루1컵, 맛기름1/4컵, 양념장: 당귀잎5줄기+조선간장5큰술+토마토식초2큰술+참기름1큰술+고추가루1/2큰술+통깨1작은술 |

❶ 완두콩은 물에 6시간정도 불려준 후 믹서기에 물1컵을 넣고 갈아 준다.

❷ 양파는 곱게 다져주고, 청고추와 홍고추는 씨를 제거하고 곱게 채 썬다.

❸ 당귀잎을 채 썰어 양념장을 만든다.

❹ 갈아준 완두콩과 채 썬 청고추, 홍고추와 다진 양파, 통밀가루를 섞어 전 반죽을 만든다.

❺ 달구어진 팬에 맛기름을 두르고 한입크기로 완두 비지 전을 부쳐준 후 양념장과 함께 먹는다.

채소 가득 가지볶음쌈장

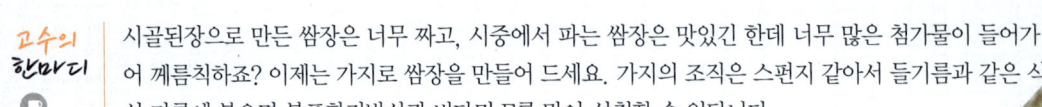

고수의 한마디

시골된장으로 만든 쌈장은 너무 짜고, 시중에서 파는 쌈장은 맛있긴 한데 너무 많은 첨가물이 들어가 있어 께름칙하죠? 이제는 가지로 쌈장을 만들어 드세요. 가지의 조직은 스펀지 같아서 들기름과 같은 식물성 기름에 볶으면 불포화지방산과 비타민 E를 많이 섭취할 수 있답니다.

가지	2개(500g)	양념장
들기름	1큰술(15ml)	고추장 1컵(200g), 된장 2큰술(40g), 고
소금물		운 고춧가루 1큰술20g), 생강청(48쪽 참
녹차소금(36쪽 참조) 약간(2g),		조) 1컵(200ml), 참기름 1큰술(15ml), 다
물 11컵(2200ml)		진 대파(흰 부분) 1큰술(20ml)

1 가지는 꼭지를 잘라내고 0.2cm 두께로 납작하게 썰어 소금물에 살짝 절인 뒤 꼭 짜 물기를 뺀다. 가지를 절인 물은 버리지 말고 간을 맞출 때 쓴다.

2 양념장에 절인 가지를 버무린 후 20분 정도 숙성시킨다.

3 팬에 들기름을 두르고 양념한 가지를 넣고 되직할 때까지 볶는다.

무공해 맛내기비법 ❶

소금물

가지를 소금물에 절이면 변색을 막을 수 있어요. 가지를 소금물에 절여 꼭 짠 후에는 물에 헹구지 마세요. 가지를 절이고 난 소금물은 간을 맞추는 데 사용하세요.

이렇게 사용하세요

· 보관용기 : 옹기나 유리용기 · 사용기간 : 약 1개월 ·· 보관장소 : 실온

가지볶음쌈장은 아이들에게 채소를 많이 먹이자는 의도에서 만들었어요. 특히 가지는 여름철에는 식중독을 예방하며 몸속의 열을 내리는 효과가 있어서 특히 열이 많은 사람에게 좋아요. 평소에 아이가 가지를 싫어했다면 가지볶음쌈장에 밥을 비벼 주세요. 가지인 줄도 모르고 잘 먹을 거예요.
집에서 만들기 힘드시다면 시판용 쌈장에 채소를 잘게 다져서 섞어 먹이세요.

활용도 높은 자연식 토마토케첩

고수의 한마디

아이에게 토마토의 영양을 그대로 먹일 수 있는 천연토마토케첩이에요. 시판 제품보다 덜 짜 활용도가 높답니다. 고기나 생선 등 기름진 음식을 먹을 때 곁들이거나, 양념이나 소스로 이용하면 소화를 촉진시키고 위의 부담을 줄여줘요.

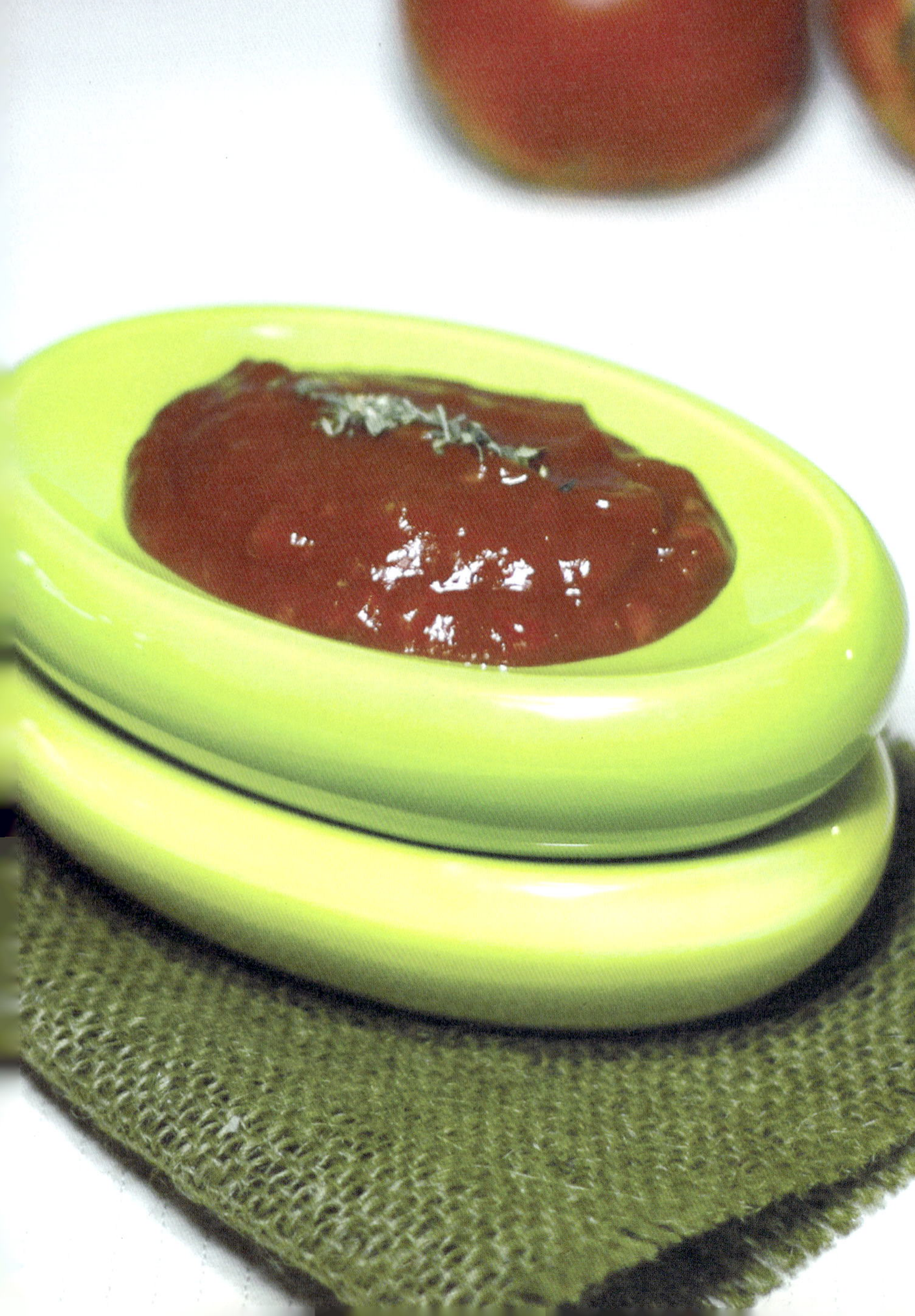

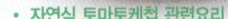

• 자연식 토마토케첩 관련요리 •

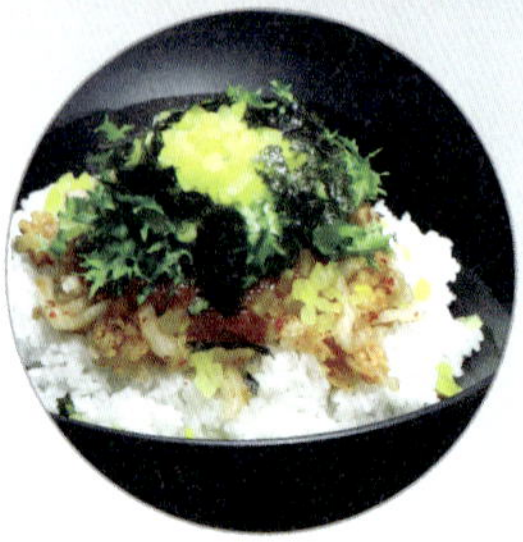

P.89 김치냄비 알밥

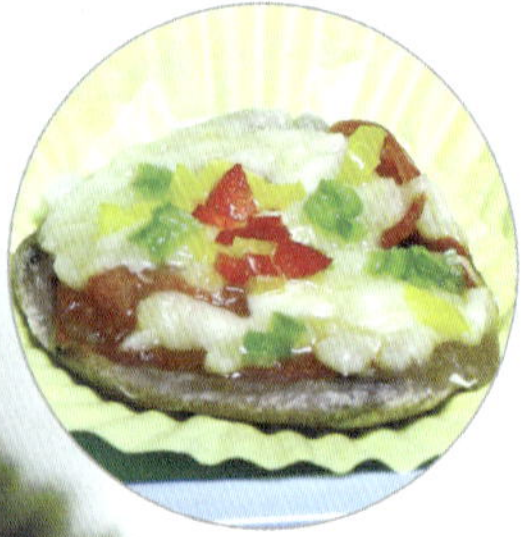

P.211 도토리피자

재료 **준비하기** (1 ~ 2 개 월 분)

잘 익은 토마토	8개(1000g)
포도씨유	1/2컵(100ml)
녹차소금	약간(1g)
(36쪽참조)	
황설탕	1/2컵(100g)
토마토식초	1/2컵(100ml)
(56쪽 참조)	
표고버섯 달인 물	2큰술(30ml)
방아가루(혹은 파슬리가루)	약간(1g)

방아는 경상도 지방에서 나오는 우리나라 토종 허브랍니다. 매운탕에 넣어 먹기도 하고, 전에 넣어 부쳐 먹기도 하는데 여름에 구해서 말려놓은 다음 가루로 이용하면 외국의 허브는 비교가 안 될 정도로 향이 좋아요. 접하기 어렵겠지만, 잘 찾아보면 대형마트에서 손쉽게 구할 수 있어요. 정 방아가루를 구하기 어렵다면 파슬리가루를 대신 넣으세요.

1 토마토 한쪽에 열십자(+) 모양의 칼집을 넣고 뜨거운 물에 살짝 넣었다 빼 껍질을 벗긴다. 토마토 씨를 제거하고 곱게 다진다.

2 달군 팬에 포도씨유를 두른다. 여기에 다진 토마토를 넣고 녹차소금을 살살 뿌려 토마토가 물러질 때까지 볶는다.

3 토마토가 완전히 물러지면 황설탕, 토마토식초, 표고버섯 달인 물과 섞은 뒤에 믹서에 넣고 갈아준다.

4 방아가루(혹은 파슬리가루)를 넣고 다시 한 번 센 불에서 한소끔 끓인다.

건강톡톡!

토마토는 90% 정도가 수분이며 카로틴과 비타민C가 많이 들어 있어요. 건강뿐 아니라 피부미용에도 좋아요.

무공해 맛내기비법

찰토마토

토마토식초는 부산의 대저 찰토마토로 담그는 게 가장 맛이 좋아요. 대저 찰토마토는 보통 3~4월에 나온답니다. 부산 대저 찰토마토를 추천하는 이유는 찰기도 다르지만 수분 함량도 다르기 때문이에요. 일반 토마토는 수분이 너무 많아 식초로 담갔을 때 토마토의 깊은 맛을 느낄 수 없거든요.

이렇게 사용하세요

· 보관용기 : 유리용기 · 사용기간 : 약 1개월 · 보관장소 : 냉장고

집에서 만드는 토마토케첩은 단맛과 짠맛이 적고 토마토의 맑은 맛을 그대로 느낄 수 있어요. 만약 집에서 만드는 토마토케첩이 없다면 유기농 케첩을 이용하세요.

P.187 옛날 샌드위치

칼로리 걱정 No! 자연식 마요네즈

고수의 한마디

우리가 사먹는 마요네즈는 달걀의 흰자와 식용유를 섞어 만든 거예요. 문제는 기름의 양이 50% 이상이라는 것, 또한 유전자조작농산물(GMO)로 만든 유채유(카놀라유)를 사용한다는 사실이에요. 값싸게 생산되는 달걀 역시 두말할 필요가 없겠죠? 만들기 쉽고 맛도 좋은 자연식 마요네즈로 식구들의 건강을 챙기세요.

부침용 두부	1모(400g)	토마토식초	1/2컵(100ml)
땅콩	4큰술(60g)	(56쪽 참조)	
깐 호두	4개분(50g)	녹차기름	2컵(400ml)
녹차소금	약간(1g)	(44쪽 참조)	
(36쪽 참조)		꿀	2큰술(30ml)

1 두부는 뜨거운 물에 데친 뒤 작게 썰고, 땅콩과 호두는 껍데기를 제거한다.

2 믹서에 두부, 땅콩, 호두, 녹차소금, 토마토식초, 녹차기름을 넣고 갈아준다. 이때 녹차기름은 한꺼번에 넣지 말고 충분히 섞일 수 있도록 2~3번에 나누어 넣는다.

3 꿀을 넣고 한 번 더 믹서에 갈아준다.

 건강톡톡!

밭의 고기라고도 하는 콩을 원료로 하여 예로부터 한국 국민의 중요한 단백질 공급원으로 이용되어 온 두부는 단백질 외에 지방도 풍부해요. 단백질은 필수아미노산을 많이 함유한 질이 좋은 것으로, 소화흡수율도 매우 높답니다.

무공해 ①
맛내기비법

단단한 두부와 신선한 견과류

• 두부는 단단한 것으로 선택을 하세요. 단단한 것이 수분이 적거든요.
• 호두와 땅콩은 아깝다고 묵은 것을 사용하지 말고 신선한 것으로 선택해주세요.

이렇게
사용하세요

• 보관용기 : 유리용기 • 사용기간 : 약 1개월 • 보관장소 : 냉장고

집에서 만드는 마요네즈는 아주 고소하고 깔끔하면서 지방이 많이 없어 다이어트에도 도움이 돼요. 만약 집에서 만들기 힘들다면 유기농 마요네즈를 활용하세요. 단, 유기농이라고 해도 지방 함량은 일반 시판 마요네즈와 같다는 사실을 명심하셔서 사용량에 신경 써주세요.

우리식 마늘버터 더덕마늘 스프레드

더덕마늘 스프레드는 장아찌를 담글 때 써도 아주 맛좋고, 고등어나 삼치, 닭가슴살 요리에 덧발라 구우면 담백한 맛을 냅니다. 또한 바게트나 식빵에 발라서 오븐에 구우면 마늘빵보다 훨씬 맛있는 더덕마늘빵을 맛볼 수 있어요.

더덕마늘 스프레드 관련요리

P.135 닭가슴살 스테이크

P.189 바나나 샌드위치&키위 밀크

더덕	크게 1줌(400g)	포도씨유	1컵(200ml)
		식초	4큰술(60ml)
		레몬즙	2큰술(30ml)
		녹차소금	약간(1g)
		(36쪽 참조)	
		된장	1컵(200g)
		파슬리가루	약간(2g)
6쪽마늘(또는 일반 마늘) 2통(200g)		소금물	
		녹차소금	약간(2g)

└ 더덕은 굵은 것으로 선택을 하는데 6
년근 정도가 좋아요. 손질을 할 때는
면장갑을 끼고 수세미로 닦으면 껍질
을 아주 편하게 깔 수 있고, 식초물에
담가두면 진액이 덜 생겨요. 하지만
진액이 많은 더덕이 몸에 더 좋다는
사실은 꼭 기억하세요.

1 더덕은 껍질을 벗긴 뒤 소금물에 5분 정도 담근다.

2 6쪽마늘은 껍질을 벗기고 꼭지를 뗀 뒤에 포도씨유를 조금 두른 팬에 넣고 살짝
볶는다.

3 더덕, 볶은 마늘, 식초, 남은 포도씨유, 레몬즙을 믹서에 넣고 간다. 옹기에 넣어 7
일 정도 숙성시킨다.

4 된장, 녹차소금, 파슬리가루를 넣고 다시 한 번 갈아준다.

건강톡톡!

몸이 허약하거나 몸이 차서 잠을 제대로 자지 못하는 불면증에 마늘을 복용하면 몸이 따뜻해지고
정신적인 안정을 기할 수 있어요. 또 더덕은 영양가가 고루 갖추어진 고칼로리의 영양 식품으로
한방에서는 인삼 대용 생약으로 이용하기도 한답니다.

이렇게 사용하세요

• **보관용기** : 옹기 • **사용기간** : 약 3개월 • **보관장소** : 냉장고

시판 제품 중에서 마늘버터 정도라고 생각하면 돼요. 외국에는 땅콩버터나 마늘버터 같은 소스류가 다양하게 있어서
고기요리에 다양하게 활용을 하는데, 우리나라에는 그런 것이 없잖아요. 그래서 만들어본 것인데, 고기요리뿐 아니라
여러 가지 쌈장 및 소스로 활용할 수 있어 좋아요. 더덕마늘 스프레드가 없다면 마늘버터에 된장을 섞어 사용하세요.
어느 정도 비슷한 맛이 날 거예요. 더덕마늘 스프레드는 꼭 옹기에 넣어서 냉장고에 보관하세요. 냉장고와 옹기에서
숙성이 되고, 옹기가 숨을 쉬기 때문에 더욱 깊은 맛을 내는 데 도움이 되거든요.

01

자연의 향을 고스란히 담았다!

맛있는 밥
특별한 죽

햄버거, 피자 등 패스트푸드의 종류가 다양해지고 쉽게 접할 수 있게 되면서 우리 아이들은 밥을 멀리하게 됐어요. 어른들 또한 밥이 마치 비만의 주범인 양 생각해 다른 음식으로 대신하는 경우도 많아졌죠. 하지만 밥에 들어 있는 영양소는 우리의 뇌 활동을 도와 책을 읽고, 공부하는 등 집중력을 발휘해야 하는 일에 많은 도움을 준답니다. 자녀가 밥이 싫다며 자꾸 식탁에서 멀어지고 있다면 여기서 소개하는 다양한 밥을 해주세요. 시간이 갈수록 아이와 식탁과의 거리가 가까워질 거예요.

집밥 짓기의 성공 노하우

1 고르고, 보관하고, 씻고...

쌀 고르기

- 쌀알이 통통하고 반질반질 광택이 나면서 표면이 부서진 낟알이 적고 가루가 없는 것
- 도정한 지 15일 이내인 것

쌀 보관하기

- 쌀은 햇빛이 들지 않고 통풍이 잘되는 곳을 좋아한다. 쌀이 햇빛에 노출되면 수분 양이 떨어지고 쌀알에 쉽게 금이 가서 맛이 변질되기 쉽다.
- 통풍이 되는 독에 넣어 보관한다.
- 사과를 쌀통 혹은 쌀독에 넣어두면 쌀의 신선도가 오래 간다.

> **쌀벌레 퇴치의 노하우**
> 쌀에 벌레가 생기면 바람이 잘 통하는 서늘한 그늘에 펴서 말리거나 쌀통에 마늘을 넣어둔다.

쌀 씻기

- 쌀을 일어낸 첫물은 쌀겨 냄새가 배지 않도록 되도록 빨리 헹구어 버린다.
- 2~3번 정도 물을 충분히 붓고 손으로 살살 휘저어 쌀겨나 먼지를 씻어낸다. (처음부터 박박 문질러 씻으면 먼지나 쌀겨 등이 쌀에 흡수되어 밥맛이 좋지 않게 된다.)
- 물을 버린 뒤에 박박 문질러서 씻는다. 예전에는 쌀을 박박 문질러서 씻으면 비타민 B1이

손실된다고 했는데, 사실 쌀에는 비타민 B1이 거의 없다. 박박 문질러 깨끗이 씻어야 밥에 윤기가 나고 맛도 좋다.

- 여름철은 30분 이내, 겨울철에는 2시간 이내로 불린다. 30분 이상 불릴 때는 물에 담가 두기보다는 소쿠리에 밭쳐서 물기를 빼가며 불린다. 쌀을 물에 담가 오래 불리면 쌀겨 냄새가 섞여 밥에서 냄새가 날뿐더러 수용성 영양소가 빠져나오고 밥알 모양도 뭉개진다.
- 쌀의 1.3~1.5배 정도로 물을 붓고 밥을 한다. 햅쌀의 경우는 이보다 적게 물을 붓는다. 전기밥솥으로 밥을 할 경우에는 밥솥에 표시된 물의 양의 80% 정도만 넣는다.

쌀뜨물 활용의 노하우

❶ **밀폐용기의 냄새 싹!** : 쌀뜨물에 냄새가 밴 밀폐용기를 30분가량 담갔다가 수세미로 구석구석을 문지르고 물로 헹군 뒤 물기를 완전히 없앤다. 밀폐용기가 쌀뜨물에 푹 잠기는 것이 중요한데, 만약 용기가 가벼워 자꾸 물 위로 떠오르면 무거운 접시 등으로 눌러준다.

❷ **된장국을 구수하게!** : 3~4번 씻어서 나온 쌀뜨물을 받아 냉장고에 보관했다가 된장국을 끓일 때 붓고 뭉근히 끓인다. 거품이 부글부글 크게 일면 불을 끈다. 간은 된장으로 맞춘다.

❸ **기름기 제거에 효과적!** : 기름진 요리를 하고 난 뒤에 나온 기름기 많은 그릇을 쌀뜨물에 담그면 금세 그릇이 깨끗해진다. 다량의 세제를 사용하지 않아도 되니 환경 보호에도 기여할 수 있고, 시간과 힘까지 절약할 수도 있다.

❹ **식재료를 더 맛있게!** : 3~4번 정도 헹궈 나온 쌀뜨물에 죽순이나 우엉 썬 것을 담가두면 아린 맛이 가신다. 또한 간고등어를 담가두면 짠맛이 줄어든다. 영양분의 파괴 없이 식재료의 맛을 한층 높이는 방법이다.

2 밥 짓기

- 센 불로 끓인다.
- 밥이 끓으면 약한 불로 조절해 계속 끓인다.
- 밥솥에서 김이 나고 밥 표면에 물이 겉돌지 않으면 불을 끈다.
- 밥을 2~3번 휘저어준 뒤 다시 뚜껑을 닫고 뜸을 들인다.
- 뜸이 들면 뚜껑을 열어 주걱으로 고루 섞는다. 밥이 더욱 고슬고슬해진다.

실용성 만점의 밥 짓기 노하우

❶ 밥을 지을 때 한두방울의 식초를 물에 타면 밥이 쉴 염려가 없고, 윤기가 돌며 밥맛도 좋아진다. 약간의 술을 넣어도 좋다.

❷ 묵은 쌀로 밥을 지을 때 식용유를 한두 방울 떨어뜨리자. 밥에 윤기가 자르르 돌 것이다.

3 입에 착 붙는 잡곡밥의 비결

- 쌀은 너댓 번 가볍게 씻어 30분 이상 물에 불린다.
- 쌀과 섞을 잡곡은 아래의 내용을 참조해 준비한다.
  - 현미 : 물에 충분히 불려야 먹을 때 까슬까슬하지 않고 맛이 좋다.
  - 흑미 : 백미의 10~20% 정도만 섞는다. 그래야 밥 색깔이 맛깔스럽다.
    1시간 정도 불려서 밥을 짓는다.

- 팥, 율무, 녹두 : 물에 충분히 불린 뒤에 삶아 첫물을 버리고 쌀과 섞어 밥을 짓는다. 특히 팥에는 사포닌이라는 독성 물질이 존재하는데, 이 물질은 설사를 유발하니 반드시 삶아서 넣는다.
- 검은콩 : 밥물이 끓어오를 때 밥솥의 뚜껑을 열면 비린내가 나니 주의해야 한다.
- 완두콩 : 처음부터 쌀에 넣어 밥을 하면 물러지므로 밥이 뜸이 들 때 넣어야 빛깔도 좋고 식감도 좋다.
- 밤 : 밤은 가을철 햇밤이 최고로 맛이 있다. 햇밤을 말려서 사용해도 무방하다. 말린 밤은 1g 정도의 설탕을 녹인 물에 6시간 정도 담갔다가 사용한다.
  이때 밤물을 넣고 밥을 지으면 맛있다. 만일 냉동된 밤을 사용할 때는 냉동 상태로 사용하는 것이 좋다.
- 대추 : 너무 마르지 않은 것을 골라서 씨를 잘 발라내는 것이 중요하다.

짭조름 흰밥

아이가 영 맨밥을 먹기 싫어할 때가 있어요. 그럴 때는 살짝 소금 간을 해서 가스레인지로 밥을 지어주세
요. 간간한 맛에 아이의 입맛이 돌고, 고소한 밥 냄새로 코가 즐거울 거예요.

흰쌀	2공기(400g)
물	2.5~3컵(500~600ml)
(생수 혹은 쌀뜨물)	
녹차소금	약간(0.5g)
(36쪽 참조)	

1 쌀을 너댓 번 가볍게 씻은 다음 30분 정도 물에 불린다. 불린 쌀은 찬물에 한 번 헹군다.

2 쌀 무게의 1.3~1.5배 정도의 물을 붓고 녹차소금으로 살짝 간을 한 뒤에 센 불로 가열한다.

3 밥물이 끓어오르면 약한 불로 줄여 3~5분 정도 더 끓인다. 불을 끄고 약 5분 정도 뜸을 들여 완성한다.

건강톡톡!

쌀밥은 단백질이 풍부하고 수분이 많이 함유되어 있어 소화 흡수도 좋으며, 필요한 영양소를 거의 다 함유하고 있어요. 제철에 나는 채소나 견과류 등을 섞어서 계절의 맛을 즐기는 감자밥 · 완두콩밥 · 콩나물밥 · 무밥 · 송이밥 · 밤밥 · 굴밥 등으로 만들어 먹으면 더 좋겠죠?

무공해 맛내기비법

소금 간

밥을 할 때 미량의 소금, 즉 염분이 들어가면 밥맛이 좋아진답니다. 맨밥은 아무런 맛이 없기 때문에 반찬과 함께 먹어야 하는데, 소금을 넣고 지은 밥은 그 자체로 간이 있어 더 맛있게 느껴지는 것입니다. 맛소금은 다른 인공감미료가 첨가되어 되레 밥의 참맛을 떨어뜨리니 가능하면 천일염을 곱게 갈아서 넣거나, 녹차소금과 같은 천연소금을 넣으세요.

꼬소 현미쌀밥

고수의
한마디

현미는 벼에서 왕겨만 제거한 쌀이에요. 백미보다 식이섬유, 비타민 B_1, B_2, 비타민 E가 2~3배 이상 들어 있어 변비를 예방하고 몸속 유해물질을 배출해줍니다.

재료 **준비하기** (4 인 분)

현미	1컵(200g)
쌀	1컵(200g)
물(생수 혹은 쌀뜨물)	
	2~2.5 컵(400~500ml)

1 현미는 12시간 정도 불려서 건지고, 쌀은 살살 씻은 뒤에 30분 정도 불린다.

2 불린 현미와 쌀을 섞은 뒤에 물을 붓고 센 불로 끓인다.

3 밥물이 부글부글 끓어오르면 약한 불로 줄여 5~7분 정도 더 끓이다가 불을 끈다. 뚜껑을 닫은 채 5분 정도 뜸을 들인다.

무공해 🍴
맛내기비법

깨끗한 밥물

보통 수돗물을 부어 밥을 지고 계시죠? '어차피 끓으면 다 똑같아' 라고 생각하시는데, 그렇지 않아요. 약수보다는 수돗물, 수돗물보다는 정수한 물, 정수한 물보다는 생수, 생수보다는 광천수로 밥을 지으면 맛과 영양 면에서 아주 좋답니다. 약수에는 기생충이 있을 수 있어서 피해야 하고, 정수기 물보다 생수를 추천하는 것은 더욱 깨끗한 밥을 지을 수 있어서입니다. 광천수에는 생수보다 많은 양의 미네랄이 들어 있어 적극 추천하고 싶지만, 워낙 비싸서 생수를 더 추천합니다.

흑미 견과류밥

고수의
한마디

'약쌀'이라고도 불리는 흑미에는 항산화 및 발암 억제 효과가 있는 성분(안토시아닌)이 다량 들어 있어요. 또한 골격 형성을 돕는다니, 두뇌를 발달시키는 견과류와 같이 먹이면 아이가 더 똑똑하고 튼튼하게 자라겠죠?

찰흑미	2큰술(30g)	**밤**	4알(60g)
메흑미	2큰술(30g)	**건조 대추채**	1큰술(10g)
쌀	1컵(200g)	**물**	2컵(400ml)
아몬드	1/3컵(50g)	**맛기름**	1/2작은술(3ml)
호두	5알(30g)	(42쪽 참조)	

1 찰흑미와 메흑미는 1시간 정도 물에 불려 살살 씻은 뒤에 고운 체나 채반에 밭쳐 물기를 뺀다.

2 쌀은 30분 정도 물에 불려 살살 씻은 뒤에 고운 체나 채반에 밭쳐 물기를 뺀다.

3 아몬드, 호두, 밤은 먹기 좋은 크기로 잘라준다.

4 밥솥에 찰흑미, 메흑미, 쌀을 섞어 넣은 후 물을 붓고 센 불로 끓인다. 밥물이 끓어오르면 약한 불로 줄여 5~7분 정도 더 끓인 뒤 불을 끈다.

5 캐슈넛, 호두, 밤, 건조 대추채를 밥 위에 올리고 뚜껑을 닫아 약 5분간 뜸을 들인다.

무공해 맛내기비법

흑미 선택하기

흑미는 크게 '찰흑미'와 '메흑미'로 나뉩니다. 찰흑미는 '흑향미'라 하여 찰기가 있어 인절미나 밥에 섞어 먹으면 좋아요. 색깔은 검정색보다는 붉은 보랏빛이 납니다. 시중에서는 '찰흑미', '흑향미' 식으로 표기되어 판매되고 있어요.
메흑미는 '흑진주'라 하는데, 색깔이 아주 검고 광택이 나는 멥쌀입니다. 밥에 섞어 먹으면 밥맛이 부드럽고 소화도 잘됩니다. 특히 검은 천연색소(안토시아닌)가 많아서 성장기 어린이의 눈에 좋아요. 메흑미로 물을 끓여 먹으면 구수한 숭늉 맛이 나면서 우리 몸에 좋은 성분을 섭취할 수 있답니다. 여러 가지 다양한 떡도 해 드실 수 있고요.
흑미로 밥을 할 때에는 충분히 물에 불리는 것, 잊지 마세요.

도라지 무밥

갈증을 없애고 소화를 돕는 무, 피를 맑게 하고 천식을 예방하는 도라지, 스트레스 지수를 낮추고 활기를
불어넣는 인삼…. 몸에 좋다는 재료는 모두 넣고 지은 밥이에요. 아이들 입맛에 쌉싸래할 수도 있지만,
맛있는 양념장으로 쓱쓱 비벼주면 맛있게 먹는답니다. 특히 손발이 찬 아이에게 좋아요.

재료 **준비하기**(4인분)

불린 쌀	2컵(400g)	**밥물**
무	1/5개(200g)	2컵(400ml), 도라지 2뿌리(30g), 물 3컵
인삼	1뿌리(40g)	(600ml), 인삼 잔뿌리 1개분(10g)
도라지	4뿌리(60g)	**양념장**
배	1/2개(200g)	조선간장 3큰술(45ml), 다진 양파 1큰술
검정깨	약간	(25g), 다진 청고추 1작은술(5g), 다진 홍
		고추 1/3작은술(2g), 통깨 1/2작은술(3g)

1 밥하기 1시간 전에 분량의 양념장 재료들을 고루 섞어 실온에서 숙성시킨다.

2 밥물 재료를 오목한 냄비에 넣고 약한 불로 뭉근히 끓여 2컵 분량의 밥물을 만들어 식혀둔다.

> 도라지를 배즙에 담가두면 도라지 특유의 쓴맛이 제거돼요.

3 배를 강판에 갈고 도라지를 송송 썰어 배즙에 담가둔다.

4 무와 인삼을 채썰어 밥솥에 깔고 불린 쌀, 송송 썬 도라지를 차례로 넣고 밥물을 부은 뒤 밥을 한다.

5 밥에 검정깨를 뿌려 양념장에 비벼 먹는다.

무공해 🍴
맛내기비법

양념장

양념장의 재료들을 보고 "고추가 들어가네. 아이들이 먹기에는 맵지 않을까?" 하고 의문을 품는 분들이 계실 거예요. 하지만 걱정하지 않으셔도 됩니다. 진간장이 아닌 조선간장을 넣고, 1시간 전에 미리 만들어두는 데는 다 이유가 있거든요.

1시간 이상 숙성되는 동안 조선간장이 재료들의 매운 맛을 빼주고 조선간장의 짠맛도 어느 정도 중화돼 아주 부드러운 양념장이 되거든요.

황기 과일 찰밥

고수의 한마디

이 밥은 단맛이 있어서 아이들이 참 좋아합니다. 무장아찌나 김치와 함께 먹으면 황기의 깊은 맛을 느낄 수 있어요. 황기과일찰밥은 식어도 맛이 좋아요.

재료 **준비하기**(4인분)

찹쌀	2컵(400g)	5개(30g)
쌀	1/2컵(100g)	**건조과일**
녹차소금	1/2작은술(2g)	살구 5개 (30g), 파인애플 2조각(40g),
(36쪽 참조)		건조 바나나 2개분(50g), 건조 무화과 5
밥물	1.5컵(300ml)	개(30g), 건조 대추채 1큰술(20g)
물 2컵(400ml), 황기 2줄기(50g), 대추		

1 찹쌀과 쌀은 살살 씻은 뒤에 30분 정도 불린 뒤 건져서 물기를 빼준다.

2 대추는 돌려 깎아 씨를 제거한 뒤 황기, 물 2컵과 함께 끓여 1.5컵 분량의 밥물을 만든다.

3 건조과일은 사방 1cm 모양으로 썰어준다.

4 불린 찹쌀, 불린 쌀에 밥물을 붓고 녹차소금을 살짝 넣어 센 불로 끓인다. 거품이 나면 건조 과일을 넣고 약한 불로 5~7분 간 끓인다.

5 불을 끄고 호두와 건조 대추채 를 넣은 뒤 약 5분간 뜸을 들 인다.

🌿 **건강톡톡!**

황기는 약초로서 재배하며 한방에서는 가을에 채취하여 노두와 잔뿌리를 제거하고 햇빛 에 말린 것이에요. 신체가 허약하거나 식은땀 흘리는 아이들에게 특히 좋아요.

무공해 🍴
맛내기비법

황기과일찰밥은 흰색의 약밥이라고 생각하시면 된답니다. 각종 과일과 함께 만드는 찰밥형식 의 약식인데 도시락에도, 파티에도 좋아요

녹두밥

 고수의
한마디 녹두는 항산화물질, 아미노산, 비타민, 미네랄이 다른 콩류보다 더 많이 들어 있는 식품으로 몸의 열을 내리고 식욕을 돋우는 효과가 있어요. 심한 감기나 독감에 걸려 입맛이 떨어지고 열이 심할 때 녹두로 죽을 쑤어 먹으면 입맛도 열도 모두 제자리를 찾는답니다. 단, 소화력이 부족한 사람, 냉한 체질의 사람, 한약을 먹는 사람은 피해주세요.

쌀	1컵(200g)
녹두(껍질 있는 것)	1/4컵(50g)
물	4.5컵

1 쌀은 씻어서 약 20~30분 정도 물에 불린다.

2번째 녹두를 삶은 물은 버리지 말고 밥물로 사용해요.

2 녹두는 씻어서 물 2컵 정도 붓고 센 불로 삶는다. 부르르 끓어오르면 물을 버리고, 물 2컵을 다시 부어 중간 불로 삶은 뒤 건진다.

3 밥솥에 불린 쌀과 삶은 녹두, 녹두 삶은 물 1컵, 물 1/2컵을 넣어 밥을 짓는다.

무공해 맛내기비법

녹두 손질하기

녹두를 씻을 때는 물에 담가 헹구듯이 씻어요. 박박 문질러 씻으면 좋은 영양이 들어 있는 껍질이 벗겨지니 주의하세요.

녹두는 밀도가 단단해 삶아서 넣어야 해요. 녹두를 삶은 첫물은 떫은맛이 강하게 나니 버리고 2번째 삶은 물로 밥을 하는 것이 훨씬 맛있는 밥을 지을 수 있는 비법입니다. 만약 2번째 녹두 삶은 물이 부족하면 생수로 물을 맞춰주세요.

콩나물 버섯덮밥

식이섬유는 칼로리가 거의 없으면서 지방의 체내 흡수를 억제하고, 다량의 수분이 들어 있어 포만감을
빨리 느끼게 하고 지방 배설을 촉진시켜요. 콩나물과 버섯 모두 식이섬유가 많이 들어 있으니 콩나물버
섯덮밥으로 아이의 비만을 잡아주세요.

따뜻한 밥	4공기(1000g)	**맛기름**	적당량
콩나물	2줌(200g)	(42쪽 참조)	
느타리버섯	2줌(200g)	**소스**	
팽이버섯	1/2봉(100g)	곱게 간 검정깨 2큰술(30g), 맛간장(40	
표고버섯	4장(50g)	쪽 참조) 2큰술(30ml), 생강청(48쪽 참	

ㄴ, 건조 표고버섯을 쓸 때는 물에 충분 조) 4큰술(60ml), 백된장 또는 일본된장
히 불린 뒤에 사용하세요. 1큰술(20g), 흰 후춧가루 약간(1g), 조청

무순	1팩(50g)	1/2큰술(10g)
소금	약간	

1 콩나물은 머리와 꼬리 부분을 잘라 내고 끓는 물에 데친 뒤에 맛기름에 살짝 볶는다.

2 느타리버섯은 곱게 찢고, 팽이버섯 은 밑동을 자르고, 표고버섯은 곱게 채썰어 각각 소금으로 조물조물 밑 간을 한 뒤 맛기름에 볶는다.

3 곱게 간 검정깨, 생강청, 맛간장에 백된장, 흰 후춧가루, 조청을 곱게 풀어 소스를 만든다.

4 밥을 공기에 담고 볶은 콩나물과 볶 은 버섯류를 고루 올린 후 소스를 뿌리고 무순을 올린다.

무공해 **맛내기비법** **백된장**

백된장은 저염의 햇된장을 말해요. 우리식 전통 된장은 아이들 입맛에 너무 짜고 냄새도 심하잖아요. 백 된장이 없으면 일본된장을 사용해도 괜찮아요.

우엉 표고버섯밥

우엉에는 아르기닌 성분이 많이 들어 있어요. 필수아미노산의 하나인 아르기닌은 성장호르몬의 분비를 촉진하고 정신력과 체력을 강화시켜 유아 및 성장기 어린이나 청소년에게 유익하죠. 또한 철분이 많아서 생리를 하는 딸에게도 좋아요. 미용에도 좋다고 하니 온 가족 영양식으로 식탁에 자주 올리세요.

불린 쌀	2컵(400g)	**물**	2컵(400ml)
우엉	1/2줄기	**양념장**	
(약 20cm 길이, 200g)		조선간장 5큰술(100ml), 양파 1/2개	
표고버섯	2장(20g)	(70g), 청고추 1개(20g), 홍고추 1개	
식초물	1컵(식초는 1ml)	(25g), 통깨 1작은술(5g)	
참기름	1큰술(15ml)		

1시간 정도 숙성시키면 맛있어요.

1 양파, 청고추, 홍고추를 다져서 조선간장, 통깨와 섞어서 양념장을 만든다.

2 우엉은 어슷하게 썰어 식초물에 10분 정도 담갔다가 물기를 빼고, 표고버섯은 채썬다.

3 우엉을 참기름에 볶다가 우엉이 투명해지면 표고버섯을 넣고 중간 불로 볶는다.

4 불린 쌀을 넣고 계속 볶는다. 쌀이 투명해지면 물 2컵을 넣어 밥을 한다. 양념장에 비벼 먹는다.

무공해 맛내기비법

우엉의 빛깔

우엉 표고버섯밥은 밥을 완성한 뒤의 우엉 빛깔이 중요하답니다. 껍질을 까기 전에 미리 식초물에 담갔다가 껍질을 까서 바로 또 식초물에 담그고, 어슷하게 썬 뒤에도 바로 식초물에 담그는 식으로 공기와의 접촉을 최대한 피하는 것이 중요해요. 이렇게 하면 아린 맛도 제거돼요. 우엉을 볶을 때 참기름을 너무 많이 넣으면 느끼한 맛이 나니 참기름은 살짝만 넣어요.

김치 냄비알밥

고수의 한마디 김치가 몸에 좋다는 건 다 아시죠? 비타민이 풍부한 알칼리성 식품이잖아요. 여기에 다량의 칼슘이 들어 있는 날치알을 넣어 성장기 어린아이들에게 좋은 밥이 됐어요. 씹을 때마다 톡톡 터지는 날치알의 맛에 밥 먹는 시간이 즐거워집니다.

밥	4컵(1000g)	자연식 토마토케첩	2큰술(30g)
포기김치	1/4쪽(350g)	(60쪽 참조)	
오이	1/4쪽(150g)	맛기름	2큰술(30g)
단무지	1/5쪽(50g)	(42쪽 참조)	
유부	2장(30g)	녹차소금물	
날치알	2큰술(40g)	녹차소금(36쪽 참조) 1/5작은술(1g), 물 1	
치커리	1/2줌(30g)	컵(200ml)	
김가루	2큰술(20g)		

1 단무지는 3시간 정도 녹차소금 물에 담가 색소를 뺀 뒤 작은 깍두기 모양으로 썰고, 오이는 곱게 채썬다.

2 포기김치는 물기를 꼭 짠 후 소 를 털어내고 아주 잘게 송송 썰 어준다.

3 날치알은 토마토케첩에 넣고 섞어 비린 맛을 제거한다.

4 유부는 뜨거운 물에 데친 후 아 주 곱게 채썰고, 치커리는 한 입 크기로 찢어준다.

5 냄비에 맛기름을 두르고 밥을 담은 뒤에 ②, ③을 올린다. 그 위에 ①, ④, 김가루를 올린 뒤 약한 불로 살살 볶는다.

건강톡톡!

김치에는 신종플루 예방 효과와, AI 예방과 치료에도 효능이 있다고 알려 졌으며, 심장병 예방을 비롯한 항암 효과와 노화 억제, 소화 촉진과 면역 성 강화, 항균기능, 변비 예방 및 체중 조절 효과, 바이러스 감염억제 효과, 콜레스테롤 억제효과와 함께 항생제 성분까지 있는 것으로 밝혀지는 등 수 많은 장점이 있는 것으로 입증되면서, 미국의 건강전문지 'health'에서는 김 치를 요구르트, 낫또와 함께 세계 5대 건강식품에 넣기도 했답니다.

무공해 맛내기비법

날치알 신경 써서 구입하기

날치알은 맛있고 식감이 좋지만 인공감미료를 많이 사용하고 있어 아이들 음식에 넣기에는 마음에 걸리는 식재료죠. 안전한 날치알을 구입하고 싶다면 생협을 이용하세요. 생협의 날치 알은 건강한 첨가물을 이용하고 비린 맛을 잡아 맛있거든요. 생협에 대해 더 알고 싶다면 부 록을 참고하세요.

단호박 영양밥

단호박은 맛과 영양이 뛰어난 고급 채소로 탄수화물, 섬유질, 비타민과 미네랄이 듬뿍 들어 있어 성장기 어린이와 허약 체질에 좋아요. 하지만 소화되는 시간이 길기 때문에 뱃속에 가스가 잘 차는 사람, 위장에 만성염증이나 질병이 있는 사람은 피하는 것이 좋아요.

잡곡밥	2공기(400g)	**당근**	1/3개(60g)
단호박	1개(900g)	**대추**	2알(12g)
은행	20알(100g)	**잣**	1큰술(20g)
인삼	1뿌리(50g)	**완두콩**	1/2컵(100g)

1 단호박의 꼭지 부분을 모양을 내가며 잘라준 뒤 속을 파낸다.

2 당근과 인삼은 작은 깍두기 모양으로 썬다.

3 은행은 마른 팬에 볶은 후 껍질을 벗기고, 대추는 씨를 제거한 뒤 채 썬다.

4 단호박 속에 잡곡밥과 모든 재료를 넣고 잘라냈던 꼭지 부분으로 덮어서 압력솥에서 찐다.

무공해 맛내기비법

영양밥의 대표주자인 단호박 영양밥은 속재료의 종류에 따라 다양한 맛을 낼 수 있어요. 해물, 육류, 견과류 등 어떤 것을 사용해도 무방해요. 미리 만들어 냉동실에 얼려 두었다가 찜통에 찌기만 하면 ok! 또 미니 단호박이 있어 용도별로 사용하기가 더 수월해 졌어요.

자연식 주먹밥

여러 가지 재료를 이용해 간단하게 만드는 주먹밥은 아이들이 먹지 않는 재료를 아주 잘게 썰어 넣어 먹일 수 있어 엄마들의 마음을 뿌듯하게 하는 메뉴예요.

재료 **준비하기** (4인분)

따뜻한 밥	2공기(500g)	참기름	1작은술(5ml)
잔멸치	1/2컵(100g)	파슬리가루	약간(1g)
검정깨	1큰술(15g)	김	1/4장
두부된장다시다	2큰술(30g)		
(52쪽 참조)			

1 밥에 참기름과 두부된장다시다를 넣고 휘휘 저어 양념을 한다.

2 잔멸치는 마른 팬에 올려 고소한 냄새가 날 때까지 약한 불로 살살 볶는다.

3 양념한 밥에 볶은 잔멸치, 파슬리가루, 검정깨를 넣고 휘휘 버무린다.

4 양념한 밥을 손으로 적당량 집어서 주먹밥 모양을 만든다.

김은 장식이니 생략해도 돼요.

5 김을 길이로 가늘게 썰어 주먹밥에 예쁘게 감아준다.

무공해 맛내기비법

버무림용 기름

• 봄, 가을, 겨울에는 참기름으로 버무리고, 여름에는 맛기름으로 버무리세요. 그래야 여름철에 음식이 상하는 것을 막을 수 있어요.

• 두부된장다시다로 이미 간을 했으니 추가로 간을 할 필요는 없어요.

파래 통깨죽

고수의
한마디

바다의 채소라고 불리는 해조류, 그중에서도 특히 겨울철에 맛이 좋다는 파래에는 칼륨과 칼슘이 많이 들어 있어서 뼈와 치아를 튼튼하게 합니다. 우리 아이 성장기에 제일 걱정되는 부위가 치아일 텐데, 파래로 우리 아이에게 멋진 치아를 선사하는 것은 어떨까요?

불린 쌀	1컵(200g)	**통깨**	1큰술(15g)
파래	1줌(150g)	**녹차소금**	약간(3g)
팽이버섯	1봉(200g)	(36쪽 참조)	
조선간장	약간(5ml)	**물**	7컵(1400ml)

1 불린 쌀에 물 7컵을 붓고 중간 불로 끓인다.

2 파래는 체에 밭쳐 흐르는 물로 두세 번 씻고 조선간장으로 밑간을 한다. 팽이버섯은 잘게 다진다.

3 쌀이 퍼지기 시작하면 밑간을 한 파래를 넣고 계속 끓인다.

4 죽이 푹푹 소리를 내며 끓으면 불을 끈다. 다진 팽이버섯을 넣고 통깨를 뿌리고 녹차소금으로 간을 맞추어 먹는다.

건강톡톡!

파래에는 철분이 풍부하게 함유되어 있어 빈혈에 좋고, 식이섬유가 많아 변비에 탁월하며 칼로리는 낮고 각종 영양분이 많아 다이어트에 좋아요. 또한 파래에 풍부한 클로로필 성분이 입냄새를 제거하는 효능도 있답니다.

무공해 맛내기비법

팽이버섯 넣는 시점

파래통깨죽은 파래를 조선간장으로 밑간하는 것도 중요하지만, 죽이 완성된 후 불을 끈 상태에서 팽이버섯을 넣어주는 것이 키포인트예요. 가열 중에 팽이버섯을 넣으면 버섯이 질겨지기 때문인데요. 불을 끄고 남은 열로만 팽이버섯을 익히면 더욱 아삭한 팽이버섯의 맛을 느낄 수 있답니다.

해물 영양죽

**고수의
한마디**

식당에 가서 사 먹으면 1인분에 1만 원 이상 하는 비싼 영양돌솥밥을 집에서 저렴하게 만들어 영양 보충
을 시켜주는 것이야말로 최고의 건강비법이 아닐까 합니다. 해물에는 종합영양제로 불릴 만큼 다량의
영양소가 많이 들어 있어요. 넉넉하게 만들어 가족의 건강을 지켜주세요.

불린 쌀	1컵(200g)		**참기름**	1작은술(5ml)
느타리버섯	1/2줌(50g)		**생강청**	2큰술(30ml)
건조 미역	1/2컵(20g)		(48쪽 참조)	
건조 문어	1/2컵(50g)		**버섯마늘소금**	약간
건조 홍합	1/2컵(50g)		(38쪽 참조)	
송송 썬 대파	1/2컵(40g)		**물**	7컵(1400ml)
(흰 부분)				

1 느타리버섯은 물에 불린 후 가늘게 찢어 참기름에 살짝 볶는다.

2 미역, 문어, 홍합은 각각 물에 불린 다. 불린 문어는 약간 큼직하게 다 진다.

3 냄비에 참기름을 두르고 불린 미역, 문어, 홍합 순으로 넣고 볶다가 생 강청을 넣고 한 번 더 볶는다.

4 불린 쌀을 넣고 볶다가 쌀이 투명해 지면서 걸쭉해지면 물 7컵을 넣고 끓인다.

무공해
맛내기비법

생강청

해물영양죽에는 여러 가지 건조 수산물이 들어가요. 건조 수산물은 물에 불리고 건조하는 과정에서 비릿한 맛이 나서 아이들이 싫어하는 경우가 있는데 이젠 걱정할 필요가 없어요. 자연식 천연조미료인 생강청을 넣고 수산물을 볶으면 비린 맛과 잡냄새를 잡아주어 훨씬 부드럽고 깨끗한 맛을 느낄 수 있거든요.

보리잣죽

고수의 한마디 보리는 오장을 튼튼히 해 소화를 좋게 하고 설사를 멎게 하는 데 효과가 있는 식품이에요. 옛날에는 보리로 엿기름을 만들어 소화제로 사용했는데, 엿기름으로 만든 식혜 또한 소화에 좋아요. 부스럼이 많은 아이들에게는 보리를 볶아서 감초와 함께 달여서 먹이면 좋은 효과를 얻을 수 있어요.

보릿가루	1컵(150g)	물	7컵(1400ml)
찹쌀가루	5큰술(100g)	녹차소금	1작은술(5g)
잣	1/2컵(100g)	(36쪽 참조)	
검정깨	1/2큰술(10g)		

1 잣은 믹서에 넣고 물 1컵을 부어 알갱이가 씹힐 정도로 갈아준다.

나무주걱으로 저으며 끓여야 냄비 바닥에 눌어 붙지 않아요.

2 보릿가루와 찹쌀가루는 물 6컵과 충분히 섞은 뒤에 냄비에 붓고 중간 불로 끓인다. 보글보글 끓으면 약한 불로 줄인다.

 건강톡톡!

잣은 섬유질이 풍부하여 변비에 좋고 뇌세포를 구성하는 필수아미노산이 다량 함유되어 있어 두뇌발달에 탁월한 효능이 있어요. 뿐만 아니라 두뇌에 영양분으로 공급되는 불포화 지방산이 다량 함유되어 있기 때문에 무기력증, 우울증과 같은 뇌신경 허약에 의한 질병을 치료하는데도 효과적이에요.

3 죽이 되직해지면 갈은 잣물을 붓고 끓이다가 보글보글 끓으면 불을 끈다. 그릇에 담고 검정깨를 올려 녹차소금과 함께 낸다.

 **무공해 맛내기비법**

약한 불로 끓이기

• 보릿가루와 찹쌀가루를 섞고 물을 부어 끓일 때(2번 과정) 처음부터 센 불로 끓여서 미리 농도가 맞춰지면 찹쌀가루 냄새가 나서 아이들이 싫어할 수 있어요. 중간 불이나 약한 불로 충분히 끓이는 것이 가루 냄새를 없애는 방법입니다.

• 보리새싹을 집에서 길러서 먹어도 좋아요. 보리싹 씨앗을 1팩(약 300원)을 구매하셔서 접시나 쟁반에 키친타월이나 가제수건을 깔고 물을 자박하게 부은 다음 보리 씨앗을 뿌려요. 1주일 정도면 새싹을 먹을 수 있어요. 이때 물은 분무기로 깨끗한 물을 뿌려주세요. 보리새싹은 활성산소를 제거하는 뛰어난 식품이에요. 손수 기른 보리새싹을 주스로 갈아서 아침마다 우리 아이에게 준다면 우리 왕자님 공주님의 건강은 최고가 되겠죠?

황기 오곡버섯죽

몸이 허약하고 기운이 없을 때, 땀이나 식은땀이 자주 날 때 먹으면 좋은 죽이에요. 황기에는 체질을 보강하고, 두뇌활동을 활발하게 하고, 정신을 안정시키는 효과가 있답니다. 잡곡에는 식이섬유, 비타민, 단백질이 풍부해 평소에 꾸준히 섭취하면 비만과 당뇨병, 고혈압 같은 각종 성인병을 예방하는 데 좋아요.

찬 잡곡밥	2공기(450g)	**밥물**	5컵
표고버섯	4개(20g)	황기 2줄기(50g), 물 7컵(1400ml))	
느타리버섯	1줌(200g)	**무침간장**	
녹차소금	1/2작은술(3g)	맛간장(40쪽 참조) 1/2작은술(2ml), 참기	
(36쪽 참조)		름 1작은술(5ml)	

1 황기와 물 7컵을 오목한 냄비에 넣고 뭉근히 끓여 밥물을 만든다. 5컵 분량이 되면 불을 끄고 식힌다.

2 표고버섯과 느타리버섯은 뜨거운 물에 데쳐서 물기를 뺀 후 채썰어 각각 무침간장에 살짝 버무린다. 이때 버섯 데친 물은 버리지 않는다.

3 믹서에 잡곡밥과 버섯 데친 물 2컵을 넣고 갈아준다.

4 믹서에 갈은 잡곡밥과 밥물 3컵을 냄비에 넣고 팔팔 끓어오를 때까지 센 불로 끓인다.

5 밥물 2컵을 마저 붓고 센 불로 끓이다 보글보글 끓으면 무쳐 놓은 버섯을 넣고 약한 불로 한소끔 더 끓인 뒤 불을 끈다.

6 녹차소금으로 간을 해 먹는다.

무공해 ❶
맛내기비법

표고버섯 등 채소 데친 물

요리할 때 버섯 등 채소를 데친 물을 요리에 응용하면 여러 모로 이득이 있어요. 채소를 데친 물에는 식이섬유뿐만 아니라 다른 영양소들도 함유되어 있답니다. 특히 버섯에는 식이섬유가 아주 많이 들어 있어 비만 예방에 좋아요. 단, 시금치 등 초록색 채소를 데친 물은 빛깔이 진해서 음식의 빛깔을 변색시킬 우려가 있으니 아깝더라도 그냥 버리세요.
표고버섯을 데친 물에는 표고버섯의 영양이 살아 있습니다. 버리지 말고 밥을 지을 때 넣거나 국이나 찌개를 끓일 때 이용하세요. 버섯 특유의 향과 맛이 느껴집니다.

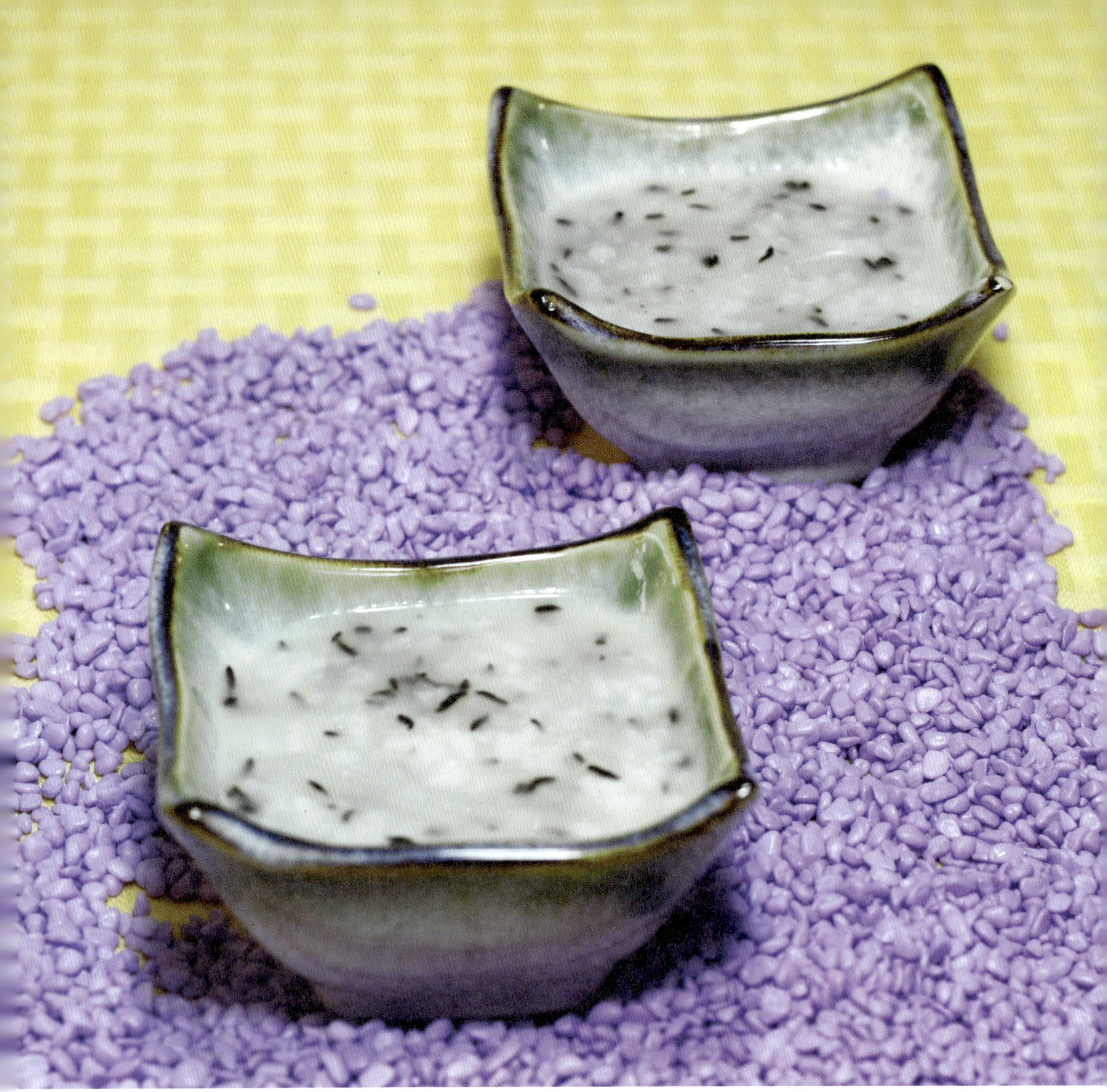

톳무죽

고수의 한마디

톳에는 칼슘이 엄청나게 많이 들어 있어요. 우리가 흔히 칼슘하면 우유와 멸치를 떠올리는데, 건조 톳의 칼슘 함유량은 100g 중 1,400mg이나 된다고 하니 칼슘 왕이라 불려도 손색없겠죠? 톳은 기억력을 향상시키고 신체 발육을 촉진하는 효과도 커요.

불린 쌀	1컵(200g)	죽물	7컵(1400ml)
건조 톳	1큰술(20g)	국물멸치 1/2컵(20g), 물 8컵	
무채	1/5쪽분(200g)		
녹차소금	1/5작은술(1g)		
(36쪽 참조)			

1 국물멸치를 물 8컵에 넣고 끓여 죽물을 만든다.

2 냄비에 불린 쌀과 죽물을 붓고 센불로 끓인다. 바닥에 쌀이 눌어붙지 않도록 주걱으로 자주 저어준다.

3 우르르 끓으면 중간 불로 줄여 저어가며 끓인다. 죽이 반 정도 퍼지면 무채를 넣고 저어가며 끓인다.

4 죽이 끓기 시작하면 건조 톳을 넣고 끓인다. 죽이 완전히 퍼지면 그릇에 담고 녹차소금으로 간해 먹는다.

건강톡톡!

톳에는 칼슘이 소고기의 350배, 돼지고기의 280배 높고요, 철분은 550배나 넘게 함유되어 있어 성장기 어린이에게 없어서는 안 될 식품이에요. 하지만 해조류에는 미네랄의 흡수가 낮으니 비타민C가 들어있는 채소나 두부와 함께 하면 흡수율을 높일 수 있답니다.

무공해
맛내기비법

멸치국물

멸치로 국물을 낼 때 멸치 똥이나 머리를 떼어버리는데, 굳이 그럴 필요 없어요. 멸치 똥은 약간 씁쓸한 맛이 나고 색깔 또한 별로 좋지 않아 싫어하는 사람이 많지만, 내장이 포함되어 있는 부분이라 칼슘과 비타민 B, 필수아미노산 등이 풍부하게 들어 있거든요. 머리에는 다량의 칼슘이 들어 있고요. 그러니 이제부터는 국물용 멸치를 귀찮게 손질하지 마시고 통째로 국물을 내서 드세요.

02

매일 먹어도 물리지 않는다!

건강반찬 &
영양담백 국·찌개

똑같은 요리도 만드는 방법에 따라 맛이 달라집
니다. 반찬도 마찬가지예요. 소량이 들어가지만
자연에서 찾은 조미료를 넣고, 제철 식재료를 사
용하고, 아이가 먹지 않으려는 식재료는 다양하게
모양에 변화를 주어 만들면 매일 새로운 반찬을
맛볼 수 있습니다.

질리지 않는
밑반찬 만들기의
성공 노하우

1 \ 오래 두고 먹을
반찬은 따로 있다

저장반찬

저장반찬은 말 그대로 오랫동안 저장하는 반찬이므로 재료에서 수분을 얼마만큼 빼서 조리하느냐에 따라 저장기간이 달라진다. 수분을 빼주어 식감이 딱딱하다는 단점이 있지만, 맛의 변화 없이 오랫동안 저장해두고 먹을 수 있다는 장점이 있다.

재료의 수분을 빼는 방법은 소금이나 설탕, 간장에 절이는 전통방식이 있고, 건조 또는 냉동해서 수분을 빼는 방법이 있다. 먼저 요리방법을 충분히 생각한 다음 저장할 방법을 생각해야 맛의 변화 없이 오랫동안 저장할 수 있다.

맛있는 장아찌의 비법

- **재료는 바싹 말려라** : 장아찌 재료에 물기가 있으면 물이 생기고 쉽게 부패해 맛있는 장아찌의 맛을 느낄 수 없다. 그래서 장아찌를 만들 때는 재료의 수분을 없애는 것이 아주 중요한데, 채소 중에서 호박이나 가지는 햇빛과 바람에 쪼글쪼글하게 말려야 한다. 수산물은 한 번 쪄서 말리는 것이 비린내도 없어지고 훨씬 구수한 맛을 느낄 수 있다. 대표적인 것으로는 호박오가리, 무말랭이, 가지오가리, 열무시래기, 건조 굴비, 건조 잔새우, 건조 멸치 등이 있다.
- **오이나 고추는 소금에 삭혀라** : 오이나 고추는 소금에 절여 삭혀주어야 한다. 삭히는 동안 수분이 빠져나와 원재료의 맛과 풍미를 그대로 유지할 수 있다.

즉석반찬

날 것을 그대로 사용하거나, 살짝 데치거나 볶는 정도로만 조리하기 때문에 요리 재료의 향과 풍미를 살리는 데 좋다. 만들자마자 먹어야 맛있다. 즉석반찬은 주로 제철에 나오는 식재료를 사용하는데, 영양을 그대로 섭취할 수 있어 좋다.

2 \ 밑반찬도 오래 두면
맛이 변한다

흔히들 밑반찬 하면 한 번 할 때 잔뜩 해서 냉장고 속에 오래 보관해두고 먹으면 된다고 생각한다. 하지만 냉장고에 보관하는 시간이 길어질수록 식재료 본연의 맛은 사라지고 영양도 손실되기 마련. 1~2일 간격으로 만들면 영양도 맛도 최고인 신선 밑반찬을 매일 아이에게 먹일 수 있다.

3 \ 플라스틱 용기 No!
반찬은 유리용기에 보관하자

플라스틱 용기는 가볍고 편리하지만, 사용할수록 미세한 스크래치가 생기고 환경호르몬이 배출되는 단점이 있으며, 열전도율이 낮아서 급속 냉동이나 급속 냉장이 어렵다. 또한 스크래치 틈으로 세균이 들어가거나 번식하는 일이 종종 생기는데, 그 세균들은 일반 설거지로는 제거되지 않는다.
이제는 유리용기를 활용하자. 조금 무겁지만, 환경호르몬이 배출되거나 세균이 번식할 걱정이 없어 안심하고 신선한 반찬을 아이에게 먹일 수 있을 것이다.

4 \ 가급적 제철 식재료
위주로 요리하자

제철에 나오는 식재료에는 우리 몸이 좋아하는 맛과 향 그리고 영양소가 가득 들어 있다. 제철에 맞게 식재료를 구입해 요리한다면 별도의 영양제가 필요 없을 것이다.
요즘엔 워낙 시설이 좋아서 사철 내내 먹을 수 있는 나물과 과일이 많다. 하지만 언제 나오는 식재료가 정말 좋은 식재료인지 몰라서는 완벽한 식단을 차리기가 정말 힘들다. 제철 식재료는 18쪽을 참조하자.

두부오보로 달걀말이

고수의 한마디

가장 흔하고도 맛있지만, 맛있게 만들기가 쉽지 않은 반찬이 달걀말이예요. 맛있는 달걀말이의 비결은 두부오보로에 있어요. 각종 채소를 잘게 썰어서 넣고, 살아 있는 영양소인 유정란으로 달걀말이를 만들어 두부오보로를 살살 뿌리면 맛도 영양도 그 어떤 반찬 부럽지 않죠. 유정란은 일반 달걀보다 더욱 고소하면서 칼슘, 단백질 등 영양이 풍부해요.

유정란 (또는 달걀)	5개(300g)	**다시마물**	5큰술(75ml)
두부오보로 (54쪽 참조)	2큰술(30g)	└ 약 24시간 동안 5×5cm 정도의 다시마 1장을 물 5컵에 불려서 만들어요.	
양파	1/2개(80g)	**녹차소금** (36쪽 참조)	약간(1g)
당근	1/3쪽(100g)	**녹차기름** (44쪽 참조)	4큰술(60ml)
풋고추	2개(40g)		

1 달걀은 다시마물과 고루 섞은 뒤에 고운체에 내려 알끈을 제거한다.

2 양파, 당근, 풋고추는 아주 곱게 다진다.

3 달걀물에 두부오보로, 다진 양파, 다진 당근을 넣고 녹차소금을 넣어 고루 섞는다.

4 살짝 달군 팬에 녹차기름을 두른 후 달걀물의 1/2 정도를 붓는다. 익기 시작하면 한쪽 끝에서부터 돌돌 말되, 끝부분은 말지 않고 남긴다.

5 남은 달걀물을 팬에 모두 붓는다. 익기 시작하면 끝부분까지 돌돌 만다.

6 달걀말이가 식으면 먹기 좋은 크기로 썬 뒤 두부오보로와 채썬 풋고추를 고명으로 올린다.

무공해 맛내기비법

채소 썰기 & 불 조절 & 비린내 제거하기

- 달걀말이의 고수가 되기 위해서는 알끈을 제거하고, 채소를 잘게 썰고, 불 조절을 잘해야 해요. 너무 센 불에서도, 너무 약한 불에서도 달걀말이는 실패한답니다. 만약을 위해 달걀물을 1큰술 정도 남겨서 돌돌 말다가 구멍이 난 부분에 활용하면 좋아요.
- 녹차소금과 녹차기름을 활용하면 화학조미료 없이도 달걀 비린내를 없앨 수 있어요.

뚝배기 달걀찜

고수의
한마디

달걀말이처럼 달걀찜도 맛있게 만들기가 참 힘든 반찬이에요. 소금이든 새우젓이든 넣지만 너무 싱겁지
나 짜기 일쑤죠. 게다가 달걀비린내까지 나면 고심하며 만든 달걀찜이 그렇게 미워 보일 수가 없어요. 제
달걀찜의 비결은 두부된장오보로와 두부오보로에 있답니다. 아이들 입맛을 잡아주는 데 딱이에요.

재료 **준비하기**(4인분)

달걀	4개(240g)	**다시마물**	1컵 4큰술(260ml)
두부오보로	1큰술(20g)	∟ 약 24시간 동안 5×5cm 정도의 다시	
(54쪽 참조)		마 1장을 물 5컵에 불려서 만들어요.	
녹차소금	약간(1g)	**두부된장다시다**	1작은술(5g)
(36쪽 참조)		(52쪽 참조)	
참기름	1큰술(15ml)	**청고추**	1/2개(5g)
		홍고추	1/2개(5g)

1 달걀은 흰자와 노른자가 잘 섞이도록 풀어준 뒤에 녹차소금으로 간을 한다.

2 고루 푼 달걀에 다시마물 4큰술을 넣고 섞은 뒤에 고운 체에 내려 알끈을 제거한다.

3 알끈을 제거한 달걀물에 두부오보로를 섞는다.

4 뚝배기에 다시마물 1컵을 붓고 참기름을 섞어 중간 불로 끓인다. 기포가 올라오기 시작하면 달걀물을 조금씩 서서히 붓는다.

5 고소한 냄새가 나면서 달걀찜이 어느 정도 익으면 약한 불로 줄이고 뚜껑을 덮고서 5분 정도 뜸을 들인다.

6 달걀찜이 완성되면 두부된장오보로를 고루 뿌리고, 청고추와 홍고추를 잘게 다져서 올린다.

무공해 맛내기비법

알끈 제거 & 불 조절

맛있는 달걀찜의 첫째 비법은 알끈을 제거하는 것입니다. 두 번째 비법은 달걀물을 조금씩 물에 섞으면서 익혀주는 것이고, 뚜껑을 덮어 약한 불로 뜸을 들이면서 부풀리는 것이 세 번째 비법이에요. 이때 자꾸 뚜껑을 열면 부풀어오르지도 않고 수분도 빠져서 달걀찜이 맛이 없어요.

건새우 마늘종볶음

**고수의
한마디**

마늘종이 마늘의 꽃줄기라는 사실은 다 아시죠? 원기를 회복시켜주고 세포의 노화를 방지하는 마늘의
성분이 마늘종에도 들어 있다는 것도요. 바삭한 건새우와 함께 볶아서 아이의 기운을 북돋워주세요.

마늘종	1단(200g)	**생강청**	1/2컵(100ml)
건새우	1컵(30g)	(48쪽 참조)	
맛기름	2큰술(30ml)	**녹차소금**	약간(1g)
(42쪽 참조)		(36쪽 참조)	
		통깨	1/2작은술(3g)

1 마늘종은 5cm 길이로 썰어 녹차소금을 넣은 끓는 물에 2분 정도 데친 뒤 찬물에 헹군다.

2 건새우는 비닐봉투에 넣고 흔들어 잔 가루를 모두 제거한다.

3 팬에 마늘종을 넣고 맛기름을 둘러서 볶는다. 마늘종에 맛기름이 고루 코팅되면 건새우를 넣고 볶다가 생강청을 넣는다.

4 한두 번 고루 뒤집은 뒤에 불을 끄고 통깨를 뿌려서 마무리한다.

무공해 **11**
맛내기비법

생강청

마늘종으로 요리를 할 때 가장 신경 써야 할 것이 매운맛을 빼주는 거예요. 또한 특유의 초록 빛깔을 살리면서 건새우의 비릿한 맛을 제거하는 것도 중요해요. 이 모든 고민을 생강청이 해결해드려요~!

어묵볶음

불순물이 강조되다 보니 어묵이 마치 불량식품처럼 여겨지죠? 하지만 생선살로 만들어져 그 자체로가 영양 덩어리랍니다. 이 어묵볶음에는 메추리알과 아몬드도 함께 들어 있어 막강한 영양 반찬으로 거듭 태어났어요.

재료 **준 비 하 기** (4 인 분)

어묵	1팩(500g)
삶은 메추리알	10개(200g)
아몬드	1/2컵(50g)
양파	1/2개(70g)
청고추	1개(40g)
홍고추	1개(80g)
생강청	3큰술(45ml)
(48쪽 참조)	

양념장
다진 대파(흰 부분) 1큰술(20g), 녹차기름 (44쪽 참조) 1큰술(15ml), 맛간장(40쪽 참조) 3큰술(45ml), 다시마물 3큰술(45ml),
ㄴ, 약 24시간 동안 5×5cm 정도의 다시 마 1장을 물 5컵에 불려서 만들어요.
조청 1큰술(20g), 통깨 1/2작은술(3g), 황설탕 1/2작은술(3g), 흰 후춧가루 약간 (1g)

1 어묵은 생강청을 넣은 끓는 물에 넣고 삶아 불순물을 뺀다. 찬물에 바로 헹군다.

2 삶은 어묵과 청고추, 홍고추는 어슷하게 썰고, 양파는 편으로 썬다.

3 어묵을 오목한 팬에 넣고 양념장을 둘러서 중간 불로 조린다.

4 어묵에 양념이 배면 메추리알과 아몬드를 넣어 한 번 더 조리고, 준비한 청고추, 홍고추, 양파를 넣은 뒤 불을 끈다.

무공해
맛내기비법

어묵의 불순물 제거하기

어묵은 생강청을 넣은 물에 삶으면 잡냄새와 첨가물이 제거되고 식감도 훨씬 부드러워져요. 살짝 데치거나 따뜻한 물에 오래 담가두는 것으로는 부족하니 꼭 삶아주세요.

묵은지볶음

고수의
한마디

김치를 오랜 기간 숙성시킨 묵은지는 유산균 덩어리예요. 묵은지의 유산균은 요구르트의 유산균처럼 장 내의 산도를 낮춰 유해균의 생육을 억제 또는 사멸시키는 정장작용을 한답니다. 만성적으로 변비로 고생하는 아이, 잦은 설사로 고생하는 아이에게 꾸준히 주세요. 아삭아삭해 잘 먹을 거예요.

재료 **준비하기** (4 인 분)

묵은지	1/2포기(300g)	**양념장**
맛기름	3큰술(45ml)	고춧가루 1큰술(15g), 생강청(48쪽 참조)
(42쪽 참조)		3큰술(45ml), 다진 대파(흰 부분) 1작은술
고추기름	1큰술(15ml)	(5g), 쌀뜨물 1컵(200ml)
조청	1작은술(5ml)	
통깨	약간(2g)	

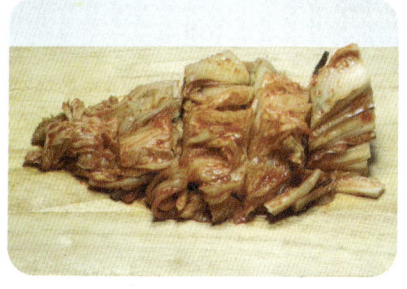

1 묵은지는 김치소를 털어내고 한 입 크기로 썬다.

2 분량의 재료들을 섞어서 양념장을 만든다.

3 묵은지를 양념장에 버무린 뒤에 뜨겁게 달군 팬에 넣고 맛기름을 둘러 볶다가 고추기름을 붓고 한 번 더 볶는다.

4 묵은지가 익으면 조청을 넣어 한 번 더 볶고 통깨를 뿌린 뒤 불을 끈다.

건강톡톡!

김치는 면역력을 증강시키며 바이러스 균 예방효과가 있어요. 신종 플루나 조류인플루엔자 등 무서운 바이러스가 많은 요즘, 김치 요리로 건강을 챙기세요.

무공해 맛내기비법

맛기름 & 조청

• 묵은지를 볶을 때 다른 기름을 사용하는 것보다 맛기름에 볶으면 묵은지의 잡냄새가 제거되면서 훨씬 맛이 좋아요.

• 마지막에 조청을 넣으면 김치의 매운맛과 신맛을 잡아주어 더욱 부드럽고 개운한 묵은지볶음을 먹을 수 있어요.

미역줄기볶음

미역과 미역줄기에는 요오드가 100g당 100mg이나 들어 있어요. 요오드는 심장과 혈관의 활동을 좋게
해주고, 체온과 땀의 조절, 신진대사를 증진시키는 작용도 한답니다. 요오드가 부족하면 비만이 되기도
하니 식탁에 자주 올려 자녀의 건강을 챙기세요.

보릿가루	1컵(150g)	물	7컵(1400ml)
찹쌀가루	5큰술(100g)	녹차소금	1작은술(5g)
잣	1/2컵(100g)	(36쪽 참조)	
검정깨	1/2큰술(10g)		

1 미역줄기는 물에 30분 이상 담갔다가 2~3번 정도 더 헹군다. 살짝 씹어 짠 정도를 확인한 뒤에 먹기 좋은 크기로 썰어준다.

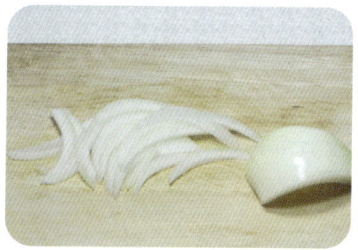

2 양파는 곱게 채썬다.

3 달군 팬에 맛기름을 두르고 미역줄기를 볶는다. 미역줄기가 어느 정도 익으면 양파, 설탕, 통깨를 넣고 한 번 더 볶는다.

건강톡톡!

일본 방사능 유출로 걱정되시죠? 미역과 같은 다시마류에 들어있는 요오드는 갑상선호르몬을 만들고 방사능 물질이 체내에 쌓이는 것을 막아준다고 합니다. 유비무환! 요오드가 많이 든 미역요리를 즐기세요.

무공해 맛내기비법

볶음 기름 & 염도

• 미역줄기볶음에는 향이 있는 기름은 적합하지 않아요. 기름의 향이 신선한 바다의 맛을 못 느끼게 하거든요.
• 미역줄기는 소금에 절여진 염장 식품인 만큼 소금을 빼는 과정 또한 중요해요. 1번 과정에서 미역줄기를 씹었을 때 짜다 싶으면 물에 더 담가두세요.

보너스 레시피

미역줄기 샐러드

| 재료 : 미역줄기1줌, 양파1개, 양배추 약간, 오이 2/1개, 레몬1개 소스 : 토마토식초3큰 술+맛기름3큰술+ 다진 청홍고추1개분씩+설탕약간+조선간장1큰술+생강청1큰술+갈은 통깨 2큰술 고명 : 홍고추1개, 무순약간 |

❶ 미역줄기는 물에 여러 번 헹구어 준 다음 5cm 길이로 자른 후 뜨거운 물에 데쳐내 얼음물에 헹구어 물기를 빼준다.
❷ 레몬은 반으로 잘라서 반달모양으로 얇게 잘라준다.
❸ 양파와 양배추, 오이는 아주 곱게 채 썬다.
❹ 분량의 재료를 섞어 소스를 만든다.
❺ 접시에 레몬을 돌려서 깔아주고 미역줄기, 양배추, 양파, 오이순으로 담은 뒤 무순과 채 썬 홍고추를 올려주고 소스를 뿌려 완성.

실멸치볶음

고수의 한마디 　멸치라 하면 가장 먼저 '칼슘(Ca)' 이라는 단어가 떠올라요. 키 쑥쑥, 뼈 튼튼! 정말 맛있게 볶아서 아이 에게 주세요.

실멸치	2컵(400g)	**생강청**	2큰술(30ml)
대파(흰 부분)	2cm(5g)	(48쪽 참조)	
설탕	2큰술	**통깨**	1작은술(5ml)
물	2큰술	**조청**	2큰술(30ml)

1 대파는 아주 곱게 다진다.

2 설탕과 물을 섞어서 약한 불로 뭉근히 끓인다. 보글보글 끓으면 생강청, 다진 대파, 실멸치를 넣고 볶는다.

3 멸치가 익으면 불을 끄고 조청과 통깨를 넣어 버무린다.

건강톡톡!

멸치하면 칼슘이죠! 단백질, 마그네슘, 각종 무기질을 섭취해야 정상적 성장을 하는데 좋은데요. 멸치에는 단백질, 칼슘, 마그네슘이 골고루 함유돼 있어 성장기 어린이에게 아주 좋은 음식이랍니다.

무공해 맛내기비법

시럽 끓이기

맛깔나는 멸치볶음의 비결은 설탕과 물을 먼저 끓이다가 실멸치를 넣고 볶는 거예요. 실멸치를 먼저 볶다가 설탕을 뿌리면 멸치가 모래알처럼 흩어지고 딱딱해서 입 안 피부가 상할 수 있어요. 조청은 꼭 마지막 단계에 넣으세요!

미역튀김자반

고수의
한마디

각종 미네랄과 칼슘이 풍부하면서 칼로리가 거의 없는 반찬이에요. 집에 남아도는 마른 미역으로 만드는 밑반찬이라 아주 저렴하죠. 비싼 것만이 좋은 건 아니라는 교훈을 반찬을 만들면서도 배워요.

건조 미역	1줌(50g)
포도씨유(튀김용)	적당량

양념장

맛간장(40쪽 참조) 2큰술(30ml), 생강칭 2큰술(30ml), 물엿 1작은술(5ml), 설탕 1 작은술(5g), 참기름 1/2큰술(7ml), 통깨 약간)

1 미역은 먹기 좋은 크기로 잘라 찬물에 넣었다가 바로 꺼낸다.

2 젖은 미역을 키친타월에 올려 물기를 완전히 제거한다.

튀긴 미역은 채반에 밭쳐서 기름기를 빼요.

3 튀김용 기름을 오목한 팬에 붓고 끓이다가 튀기기 좋은 온도가 되면 물기 뺀 미역을 넣고 튀긴다.

4 분량의 재료들을 섞어서 양념장을 만들어 튀긴 미역에 붓고 손으로 고루 버무린다.

무공해
맛내기비법

포도씨유

튀김을 할 때 보통 어떤 기름을 사용하시나요? 어떤 이는 올리브유가 좋다 하고, 어떤 이는 포도씨유가 좋다고 하고, 그냥 저렴하게 식용유가 좋다고 하는 사람도 있어요. 저는 포도씨유를 추천합니다.

식용유(콩기름, 옥수수기름)는 저렴하다는 장점 때문에 가장 대중적인 기름이지만 씨앗, 콩, 건과 등을 압축해서 여러 화학적 처리를 거쳐서 생산되는 인공식품이라 건강에는 썩 좋지 않고요. 올리브유는 올리브 나무의 열매를 오직 기계적 혹은 물리적 공정(세척, 으깨기, 압착, 가만히 따르기, 원심분리, 여과)을 통해 얻은 천연식품이지만, 향이 너무 강해서 우리 음식에는 맞지 않아요. 포도씨유는 포도씨를 압착해 추출해 낸 식물기름으로서 다른 일체의 화학적 처리나 용제를 섞지 않은 천연식품입니다.

튀김기름으로 사용할 때 가장 신경 쓰이는 부분이 발열점인데요. 식용유의 발열점은 180도이고, 팜올레인유나 올리브유는 160도입니다. 하지만 포도씨유의 발열점은 240도랍니다. 기름을 팔팔 끓여야 하는 튀김요리에는 높은 열에도 견디는 포도씨유가 좋겠죠.

두부 미역전

두부는 영양이 풍부한 콩으로 만들었어요. 그런데 콩에 들어 있는 사포닌은 너무 많이 섭취하면 몸속의 요오드를 배출한답니다. 하지만 두부미역전을 먹을 때는 그런 걱정 안 하셔도 돼요. 미역에는 요오드가 다량 들어 있거든요. 현대영양학적으로 보면 미역국을 평소에 많이 먹은 아이일수록 인내심이 강해서 성적 좋고 시험에 낙방하는 일이 적다고 하네요. 두부미역전으로 영양도 잡고 성적도 잡으세요.

두부	1/2모(250g)	**녹차기름**	적당량
건조 미역	2큰술(40g)	(44쪽 참조)	
우리 밀 밀가루	1컵(200g)	**양념장**	
녹차소금	약간	생와사비 1/3작은술(2g), 맛간장(40쪽 참	
(36쪽 참조)		조) 2큰술(30ml), 포도식초 1큰술(15ml)	

1 두부는 물기를 제거하지 말고 주걱으로 으깬다.

2 미역은 물에 충분히 불려서 먹기 좋은 크기로 자른 뒤에 물기를 뺀다. 미역을 불렸던 물은 버리지 말고 반죽할 때 이용한다.

3 밀가루, 물기 뺀 미역, 으깬 두부, 미역을 불렸던 물 5큰술(75ml)을 고루 섞고 녹차소금으로 간을 해 부침반죽을 만든다.

4 달궈진 팬에 녹차기름을 살짝 두르고 앞뒤로 뒤집어가며 노릇하게 전을 부친다.

5 분량의 재료들을 충분히 섞어서 양념장을 만든 뒤에 두부미역전과 함께 낸다.

무공해 맛내기비법

미역 불린 물 & 반죽 농도 & 녹차소금

• 미역을 불렸던 물로 반죽을 하면 더욱 맛이 좋아요. 미역 속에 들어 있던 식이섬유가 물속으로 빠져나오고 수용성 비타민이 함께 녹아져 섞이기 때문이죠.

• 반죽 농도는 되직하게 해주세요. 녹차소금이 들어가면서 미역에서 살짝 물이 나오거든요. 물을 많이 넣으면 오히려 반죽이 질어질 수 있어요.

• 녹차소금은 미역의 비린내와 두부의 비린 맛을 제거해주는 효과가 있어 훨씬 맛있고 깨끗한 전을 맛볼 수 있어요.

감자 버섯채소전

감자와 버섯은 담백한 맛이 서로 닮았어요. 다양한 버섯과 감자를 잘게 썰어 넣고 밋밋함을 당근, 고추
등의 채소를 넣으면 잘 먹을 거예요.

느타리버섯	2줌(150g)	**맛기름**	적당량
팽이버섯	1봉(120g)	(42쪽 참조)	
당근	1/4쪽(40g)	**반죽**	
양파	1/2개(50g)	우리 밀 밀가루 1컵(200g),	
청고추	2개(30g)	감자 1개(200g), 생수 2컵(400ml)	
녹차소금	약간(2g)		
(36쪽 참조)			

1 느타리버섯과 팽이버섯은 물에 데쳐서 꼭 짠 후 녹차소금으로 밑간을 해준다.

2 당근, 양파, 청고추는 곱게 채 썰어준다.

3 감자를 물 2컵과 함께 믹서에 넣고 곱게 갈아준다.

4 감자 갈은 물에 밀가루를 섞고 채썬 채소를 넣어 반죽을 만든 뒤 녹차소금으로 간을 한다.

5 달궈진 팬에 맛기름을 두르고 반죽을 먹기 좋은 크기로 떠 넣는다. 앞뒤로 뒤집어가며 노릇하게 부친다.

무공해
맛내기비법

감자의 싹

- 감자의 싹은 식중독의 원인이 되니 반드시 도려내고 조리하세요. 싹이 난 감자는 아린 맛이 훨씬 강한데, 쌀뜨물에 담가두면 아린 맛이 어느 정도 제거됩니다.
- 만약 감자를 믹서에 갈아서 반죽하는 것을 잊어버렸다면 감자전분을 2큰술 정도 넣고 반죽하세요.

연근 동그랑땡

고수의 한마디

연근에는 마음을 안정시키는 성분이 들어 있어요. 새 학기가 시작될 때 환경이 바뀌어 마음이 불안한 아이들, 시험 기간에 유독 걱정이 많은 아이들에게 해주면 좋은 반찬이에요.

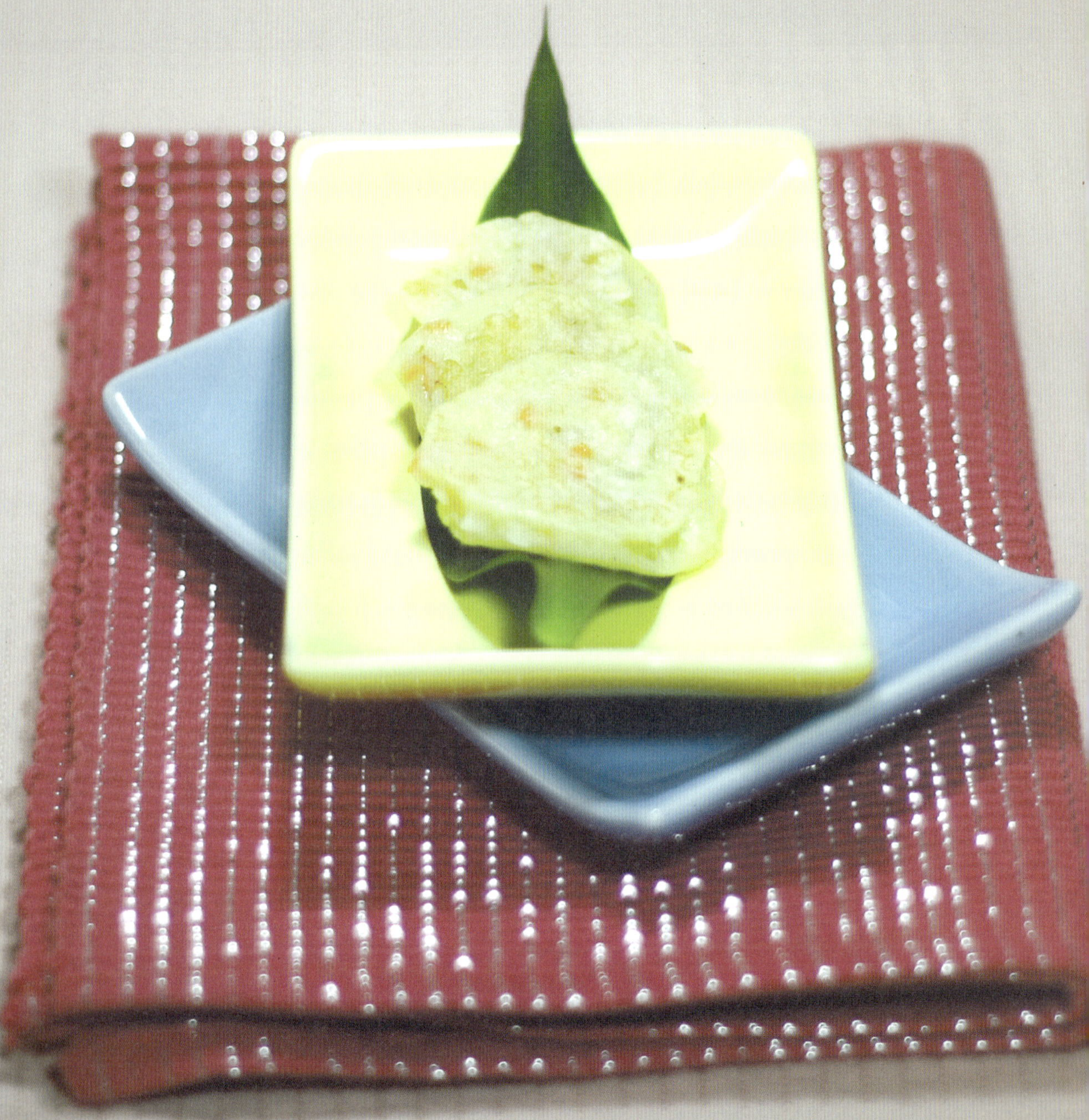

연근	1개(300g)		**우리 밀 밀가루**	1/2컵(100g)
건조 새송이버섯	3개분(60g)		**녹말가루**	1큰술(20g)
양파	1/2쪽(50g)		**녹차소금**	약간(2g)
당근	1/5쪽(30g)		(36쪽 참조)	
대파(흰 부분)	3cm(15g)		**맛기름**	약간
냉동 새우	1/2컵(100g)		(42쪽 참조)	
레몬즙	1큰술(15ml)		**달걀**	1개(60g)

1 연근은 껍질을 벗기고 레몬즙을 넣어 믹서에 갈아준다.

2 당근, 양파, 대파는 곱게 다진다.

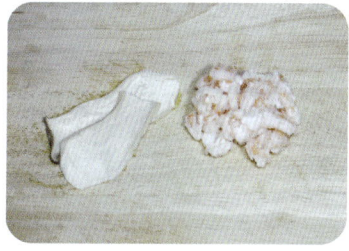

3 건조 새송이버섯은 물에 부린 뒤 곱게 다지고, 새우도 곱게 다진다.

4 달걀을 고루 풀어준 뒤 밀가루와 녹말가루를 섞어 반죽을 만든다.

5 반죽에 연근, 당근, 양파, 대파, 새송이버섯, 새우를 고루 섞고 녹차소금으로 간한 뒤 맛기름을 두른 팬에서 한 입 크기로 부친다.

건강톡톡!

연근에는 스트레스 완화, 신경과민 완화에 도움을 주어 불면증 치료에 도움이 되요. 콜레스테롤 저하, 숙취해소, 각종 피부질환 완화에도 효과가 있다고 합니다.

무공해 맛내기비법

연근 고르고 손질하기

• 연근은 흙이 묻어 있는 것, 한 마디가 400~500g 정도 나가는 굵기, 백색을 띠고 구멍의 크기가 고른 것이 좋아요.
• 조리할 때에는 껍질을 벗긴 다음 소금이나 식초를 넣은 물에 잠깐 담가 떫은맛을 제거한 후에 삶거나 튀기세요.

마늘햄 배추샐러드

고수의 한마디 햄을 마음놓고 먹일 수 있는 방법은 없을까 하는 고민 많으시죠? 약선기름에 햄을 구워 여러 가지 채소와 함께 먹인다면 불필요한 염분이 제거되고 기름기가 훨씬 적어진답니다. 아이에게서 무조건 뺏는 것보다는 유익하게 줄 수 있는 방법을 찾아보는 게 진정한 엄마의 지혜예요.

의성마늘햄	2개(500g)
노란 배춧속	500g
약선기름	2큰술(30ml)
(46쪽 참조)	

소스
대파(흰 부분) 10cm(20g), 청고추 2개
(20g), 홍고추 1개(22g), 양파 1/4개
(50g), 포도식초 1/2컵(100ml), 맛기름
(42쪽 참조) 5큰술(75ml), 설탕 1작은술
(5g), 녹차소금(36쪽 참조) 1/2작은술
(3g), 흰 후춧가루 약간(1g)

1 대파, 청고추, 홍고추, 양파는 곱게
다진 뒤 포도식초, 맛기름, 설탕, 녹
차소금, 흰 후춧가루를 섞어 소스를
만든다.

2 노란 배춧속은 곱게 채썰어 10분정
도 찬물에 담갔다가 건져 물기를 빼
준다.

3 햄은 1cm 두께로 썰어 약선기름에
구운 뒤 그릇에 담는다.

4 채썬 배춧속을 햄 위에 올리고 소스
를 뿌린다.

건강톡톡!

배추는 감기예방에 효과적
인데 그 이유는 배추의 비
타민C는 열을 가하거나
소금에 절여도 그 효능이
잘 파괴되지 않는 특징이
있기 때문이에요. 칼슘, 식
이섬유 등이 충분히 들어
있어 변비예방에도 아주
좋죠. 또한 몸 속 산성을
중화시키는 기능을 해 장
수를 돕기도 한답니다.

무공해
맛내기비법

고소한 배추 & 햄 굽기

• 배추는 노란색 속을 사는 것이 좋아요. 너무 큰 배추는 고소한 맛이 덜하거든요. 배추는 얼음물에 담가
두면 더욱 아삭해요.
• 햄은 미리 구워놓은 것보다는 먹기 전에 구워서 따끈한 맛과 고소한 배추의 맛을 함께 느끼는 것이 좋
아요. 만약 약선기름이 없다면 햄을 뜨거운 물에 한번 데친 뒤에 포도씨유에 구워주세요.

매운 등갈비강정

고수의
한마디

등갈비 요리는 웬만한 외식업체에 가면 먹을 수 있지만 한 번 먹을 때마다 경제적인 부담이 커요. 하지만 집에서 만들면 저렴하게 즐길 수 있답니다.

재료 **준비하기**(4인분)

등갈비	1라인(500g)	**고기양념**	
노랑 파프리카	1/2개(150g)	생강청(48쪽 참조) 3큰술(45ml), 녹차소	
빨강 파프리카	1/2개(80g)	금(36쪽 참조) 1/2작은술(3g), 흰 후춧가	
초록 피망	1개(120g)	루 약간(1g))	
녹말가루	1컵(250g)	**소스**	
포도씨유(튀김용)	5컵(1000ml)	맛간장(40쪽 참조) 3큰술(45ml), 생강청	
통깨	1/2작은술(3g)	(48쪽 참조) 1/2컵(100ml), 설탕 1/2큰술	
맛기름	3큰술(45ml)	(10g), 참기름 1작은술(5ml),	
(42쪽 참조)		고추기름 1큰술(15ml)	

1 등갈비는 마디마디 잘라서 고기양념에 미리 재운다. 등갈비에 양념이 배면 녹말가루를 묻힌다.

2 등갈비에 묻힌 여분의 녹말가루를 털어내고 180℃의 포도씨유에 살짝 튀긴다. 채반에 올려 기름기를 뺀 뒤에 다시 한 번 튀긴다.

3 분량의 소스 재료를 오목한 팬에 넣고 중간 불로 끓여 소스 양이 70%만 남게 조린다.

4 파프리카와 피망은 1cm 두께로 가로로 썰어 맛기름에 살짝 볶은 뒤에 접시에 깐다.

5 튀겨진 등갈비를 소스에 버무려 파프리카와 피망 위에 얹는다.

무공해
맛내기비법

녹말가루 & 채소볶음

• 튀김가루보다 녹말가루를 입혀서 튀기면 더 바삭한데요. 튀김을 할 때에는 여분의 녹말가루는 꼭 털어내세요.
• 채소는 소금 간을 하지 말고 살짝 볶아서 아삭한 맛을 살려주세요.

닭가슴살 스테이크

서양에 땅콩잼이 있다면 한국에는 더덕마늘 스프레드가 있어요. 퍽퍽하게 씹혀서 맛없는 닭가슴살을 더덕마늘 스프레드로 구우면 맛있는 스테이크가 된답니다. 더불어 혈중 콜레스테롤 수치를 낮추고 비만도 예방할 수 있어요.

재료 **준비하기** (4인분)

닭가슴살	1팩(400g)	다진 마늘	1큰술(15g)
미니 노랑 파프리카	1개(70g)	**양념장**	
미니 빨강 파프리카	1개(100g)	더덕마늘 스프레드(64쪽 참조) 4큰술	
약선기름	3큰술(45ml)	(100g), 생강청(48쪽 참조) 3큰술(45ml),	
(46쪽 참조)		후춧가루 약간(1g), 물엿 1큰술(20g)	
대파(파란 부분)	10cm(25g)		

1 닭가슴살을 양념장에 재운다. 20분 정도 지나면 다진 마늘을 넣고 고루 버무린다.

2 미니 파프리카와 대파는 원형으로 얇게 썬다.

3 양념이 밴 닭가슴살을 약선기름을 두른 팬에 넣고 약한 불로 노릇하게 굽는다. 이때 파프리카와 대파도 살짝 굽는다.

4 구워진 닭가슴살과 채소를 접시에 담는다.

건강톡톡!

닭가슴살은 지방이 적고 단백질이 풍부하여 다이어트에 애용되는 식품이죠. 우리 아이들 근육생성에도 도움이 되고 필수아미노산이 풍부하여 간장의 기능을 좋게 하는데 성장기 어린이들의 두뇌발달에도 도움이 된다고 하네요.

무공해
맛내기비법

닭가슴살 구입요령과 손질법

– 닭가슴살은 살이 두껍고 윤기가 흐르는 것을 선택한다.
– 살이 너무 흰 것은 너무 오래된 닭이므로 이점을 주의해야 한다.
– 닭가슴살 색이 엷은 분홍빛을 띠는 것이 신선한 것이라는 것을 선택해야 한다.
– 닭가슴살은 우유나 생강즙 또는 청주에 담가두었다가 비닐 팩이나 랩을 이용해서 먹기 좋게 포장한 뒤 다시 신문지로 싸 수분이 날아가는 것을 막아준 뒤 다시 비닐 팩이나 랩을 싸 수분이 날아가는 것을 막아줄 수 있다.

관자불고기

**고수의
한마디**

조개껍데기에 붙어 있는 하얀 덩어리가 관자예요. 키조개는 크기가 큰 만큼 관자도 큰데, 키조개의 관자
는 특유의 풍미를 내면서도 비리지 않고 쫄깃쫄깃해 비위가 약한 아이들도 잘 먹는답니다. 입맛을 잃기
쉬운 봄철에 감칠맛나게 요리해서 주세요.

재료 **준비하기** (4 인분)

관자	16개(500g)	**참기름**	1작은술(5ml)
당근	1/5쪽(50g)	**양념**	
청고추	1개(15g)	생강청(48쪽 참조) 3큰술(45ml), 맛간장	
홍고추	1개(20g)	(40쪽 참조) 2큰술(30ml), 설탕 1작은술	
통깨	약간(1g)	(5g), 흰 후춧가루 약간(1g), 다진 대파(흰	
생강청	3큰술(45ml)	부분) 1작은술(5g), 물 2큰술(30ml))	
(48쪽 참조)			

1 관자는 편으로 썰어 생강청에 5~8분 정도 재운다.

2 당근은 찬물에 씻은 뒤 꽃모양 틀로 찍어 편으로 썬다.

3 청고추와 홍고추는 씨를 제거하고 직사각형 모양으로 편썬다.

4 달궈진 팬에 참기름을 두르고 생강청에 재운 관자를 넣어 센 불로 볶다가 양념장을 붓고 다시 한 번 볶는다.

5 관자에 양념이 배면 당근, 청고추, 홍고추를 넣고 볶는다. 채소의 숨이 죽으면 통깨를 뿌려 완성한다.

무공해 맛내기비법 **빨리 볶기 & 고추**

• 키조개의 관자를 데치거나 볶을 때는 빨리 조리해야 질겨지지 않아요.

• 관자를 생강청이나 배즙에 살짝 절이면 더욱 식감이 부드러워져요.

• 엄마들이 고추 대신 피망을 넣으면 어떻겠냐고 물어보곤 하는데 피망이나 파프리카는 단맛이 너무 강해서 관자의 고유한 맛을 잃게 한답니다. 우리 청고추와 홍고추를 이용하면 더욱 개운한 맛을 느낄 수 있어요.

황태포 샐러드구이

**고수의
한마디**

명태살은 단백질과 칼슘 또한 풍부한 식품이에요. 명태에는 인체 각 부분의 세포를 발육시키는 데 필요한 이신이라는 필수 아미노산과 뇌의 영양소가 되는 트립토판이 들어 있어 건강에 좋으며, 기름기는 상대적으로 적어요. 특유의 냄새를 잡고 치즈를 올려서 주면 아이들도 잘 먹어요.

황태	1마리(100g)	설탕	약간(2g)
청고추	1개(15g)	녹차소금	약간(1g)
홍고추	1개(20g),	물	1컵(200ml)
노랑 파프리카	1/4쪽(50g)	양념장	
빨강 파프리카	1/4쪽(50g)	생강청(48쪽 참조) 1/2컵(100ml), 맛간장	
양파	1/2개(100g)	(40쪽 참조) 2큰술(30ml), 참기름 1큰술	
모차렐라 치즈	1컵(100g)	(15ml), 물엿 1작은술(5ml))	

1 황태는 테두리에 군데군데 1cm 깊이로 가위질을 한다.

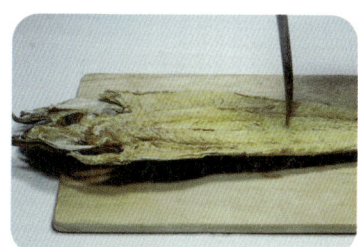

2 황태의 안쪽은 뾰족한 칼 끝으로 군데군데 칼집을 준 뒤 설탕, 녹차소금을 탄 물에 넣고 약 15분 정도 불린다.

3 분량의 재료를 섞어서 양념장을 만든다.

4 양념장을 3번에 걸쳐 황태에 바른 후 청고추, 홍고추, 빨강 파프리카, 노랑 파프리카, 양파를 곱게 채썰어 고루 올린다.

5 채소 위에 모차렐라치즈를 고루 뿌려서 200℃의 예열된 오븐에서 15분 정도 굽는다.

 건강톡톡!

명태를 말린 것이 황태란 것 다 아시죠? 황태는 명태보다 단백질의 양이 2배로 늘어나는데 전체 성분에서 단백질이 65%를 차지할 정도로 고단백식품이에요. 콜레스테롤이 거의 없는 고급 단백질 식품이니 안심하고 먹을 수 있어요.

무공해 맛내기비법

황태의 냄새 잡기

황태에서는 특유의 냄새가 나죠? 황태의 냄새는 녹차소금과 생강청으로 잡을 수 있답니다.

쥐포 샐러드

고수의 한마디 쥐포(쥐치)는 생선으로 만들어 단백질이 풍부하답니다. 단백질은 모든 효소의 주성분인데 음식물을 소화시키는 효소, 이물질(세균 등)을 제거하는 효소 같은 것들이 있습니다. 세포의 구성요소이기도 하구요. 또 쥐포를 만들 때 뼈째 만들어 칼슘을 그대로 섭취할 수 있지요. 술안주로만 이용하기엔 너무 아깝죠?

재료 **준비하기** (4인분)

쥐포	4장(80g)	**검정깨**	1/2작은술(2g)
노랑 파프리카	1/2개(100g)	**양념장**	
빨강 파프리카	1/2개(100g)	맛기름(42쪽 참조) 2큰술(30ml),물엿 1큰	
청고추	1개(20g)	술(15ml), 생강청(48쪽참조) 2큰술(30ml),	
양파	1/2개(100g)	흰 후춧가루 약간(1g)	

가위로 썰면 편해요

1 쥐포는 먹기 좋은 크기로 채썬 뒤에 1분 정도 물에 불려서 살짝 찐다.

2 노랑 파프리카, 빨강 파프리카, 청고추, 양파는 각각 채를 썬 후 찬물에 5분 정도 담갔다가 뺀다.

3 찐 쥐포채와 채소를 볼에 넣고 양념장을 부어 버무린다. 검정깨를 넣고 한 번 더 무친다.

무공해 ❶ 맛내기비법

쥐포를 살짝 찌기

쥐포만 먹으면 입 안이 허는 사람들이 많아요. 아이들은 특히 그렇죠. 하지만 쥐포를 물에 살짝 불려서 찌면 딱딱해지지 않아요. 채소와 함께 먹어 더 맛있답니다.

배추장아찌무침

고수의
한마디

배추장아찌는 소화를 돕는 효과가 있어서 소화가 안 될 때나 소화하기 힘든 음식과 함께 먹으면 좋아요.
빵 속에 감자랑 함께 넣고 샌드위치를 만들어 먹어도 맛이 끝내준답니다.

배추장아찌	1/2포기(230g)	통깨	약간(2g)

ㄴ 배추장아찌는 김장할 때 같이 만들어
두면 좋아요. 만드는 방법은 하단의
팁을 참고하세요.

양념장
생강청(48쪽 참조) 1큰술(15ml), 들기름 1
큰술(15ml), 설탕 1/2작은술(2g), 녹차소
금(36쪽 참조) 약간(1g))

쪽파   8뿌리(25g)

1 배추장아찌는 물로 깨끗이 헹군 뒤
손으로 결을 따라 가늘게 찢는다.

2 분량의 재료들을 섞어 양념장을 만
든 뒤에 찢어놓은 배추장아찌에 넣
고 고루 버무린다.

맛내기비법

배추장아찌 헹구기 & 들기름 & 묵은 김치

3 달군 팬에 양념한 배추장아찌를 넣
고 볶다가 어느 정도 익으면 쪽파를
송송 썰어 넣고 통깨를 뿌린 뒤 불
을 끈다.

• 배추장아찌는 헹구지 말고 손으로 찢어주는 것이 맛의 포인트랍니다. 배추장아찌를
찬물에 헹구면 단물이 빠져나가 맛이 없어지거든요. 하지만 아이들이 먹을 반찬을 만
들 때는 물에 헹궈서 무치세요.

• 배추장아찌는 들기름에 볶으세요. 들기름으로 볶으면 고기 대신 식물성 기름을 섭취
할 수 있어요. 또한 고소한 맛이 입맛을 잡아주는 역할도 한답니다.

• 배추장아찌가 없을 땐 묵은 김치를 녹차기름과 맛간장을 살짝 넣어 볶아도 맛있어요.
이때 물로 헹궈 김치소를 빼주세요. 그리고 생강청의 양을 좀 더 늘려서 잡냄새를 제
거하세요.

보너스 레시피 | 배추장아찌 집에서 만들기

❶ 절임배추 5포기를 4쪽으로 썰어준다.

❷ 맛간장 3컵, 조선간장 3컵, 생강청 3컵, 흑생강청 2컵, 고추씨물 7컵(고추씨 1컵과 물 10컵을 7컵이 될 때까
지 뭉근히 끓여 물만 따로 사용)을 한데 섞어서 양념장을 만든다.

❸ 절임배추를 물기 없이 꼭 짜준 다음 저장용기에 넣고 양념장을 붓는다.

❹ 오래둘수록 깊은 맛이 나니 최소 한 달간 숙성시킨다(맛과 반찬으로 먹을 때는 7~10일 정도 숙성시킨다).

오이지무침

오이지는 6월에 오이를 소금물에 삭혀서 만들면 입맛을 돋우는 데 큰 역할을 해요. 그 비결은 바로 짭조름한 맛 때문인 것 같아요. 아이가 입맛 없어할 때 오이지를 맛있게 무쳐서 주세요.

		양념장
오이지	4개(1200g)	채썬 양파 1/2개분(100g), 어슷썬 청고추
통깨	1/2작은술(3g)	1개분(15g), 어슷썬 홍고추 1개분(20g),
참기름	1작은술(5ml)	고춧가루 1/2큰술(8g), 설탕 1작은술(5g),
		생강청(48쪽 참조) 1큰술(15ml)

1 오이지는 원형으로 송송 썰어 찬물에 1~2번 정도 헹군 뒤 물기를 꼭 짠다.

2 분량의 양념장 재료를 고루 섞은 뒤에 오이지에 붓고 고루 무친다. 통깨와 참기름으로 버무려 완성한다.

 건강톡톡!

오이는 산성화 된 우리 몸을 중화시켜주고 이뇨작용이 있어 부기와 숙취에 도움을 주며 수분과 칼륨이 풍부해서 체내 노폐물을 제거하여 몸을 가볍게 해줘요. 또한 비타민, 미네랄이 풍부하게 들어있는 반면 칼로리는 거의 없어 다이어트와 피부미용에 좋아요.

무공해
맛내기비법   생강청

오이지에서 나는 곰삭는 맛 때문에 아이들이 싫어힐 수 있어요. 아이가 맛에 민감하다면 생강청을 더 넣어주세요. 곰삭는 맛과 잡냄새가 제거됩니다.

 **보너스 레시피**

오이지 만들기
❶ 백오이를 깨끗이 씻어 유리병에 차곡차곡 담는다.
❷ 소금물은 달걀이 뜰 정도의 염도로 맞추어 팔팔 끓인다.
❸ 뜨거운 소금물을 백오이를 담은 유리병에 부은 뒤 밀봉한다.
❹ 2주 정도 삭힌 뒤에 먹는다.

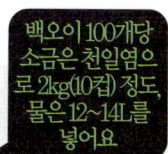 백오이 100개당 소금은 천일염으로 2kg(10컵) 정도, 물은 12~14L를 넣어요

숙주나물

숙주는 100가지 독을 풀어준다는 녹두를 키워서 만든 나물이에요. 필수 아미노산과 불포화지방산이 풍부한 식품인 만큼 입술이 헐거나 몸이 피로할 때, 각종 피부질환에 효험이 있고, 냉한 성질이 있어서 여름에 먹으면 더위를 덜 타게 하는 효과가 있어요. 또한 철과 카로틴이 많이 들어 있어서 어린이들의 성장 발육과 조혈에 좋으니 성장이 더딘 아이들에게 아주 좋겠죠.

숙주	1봉(300g)
녹차소금	1/2작은술(3g)
(36쪽 참조)	
참기름	1작은술(5ml)
검정깨	1/3작은술(2g)

1 숙주는 물로 헹궈서 물기를 뺀 뒤 김이 오른 찜솥에 넣고 찐다.

2 찐 숙주는 넓은 그릇에 풀어 넣고 그대로 식힌다.

3 식은 숙주나물은 녹차소금으로 밑간을 한다. 참기름을 두르고 버무린 후 검정깨를 솔솔 뿌린다.

무공해 맛내기비법

숙주 찌기 & 향신료 쓰지 않기

- 숙주는 물을 많이 넣고 삶으면 맛있는 성분이 물 속으로 빠져나와요. 그러니 가급적 물을 적게 사용하고, 삶기보다는 쪄주세요.
- 녹두의 효능과 맛을 살리기 위해 향신료를 사용하지 않는 것이 맛있는 숙주나물의 또 다른 비결입니다.

여름 콩나물무침

고수의 한마디

입맛 없는 여름날에 아삭한 콩나물무침을 한 입 넣고 씹으면 입 안에 상쾌함이 싹 퍼져요. 또한 변비로 고생할 때도 아주 좋아요. 풍부한 섬유소, 저칼로리 아미노산군과 효소군이 변비를 예방하고, 장내에 숙변이 축적되는 것을 막아주거든요.

재료 **준비하기** (4인분)

콩나물	1봉(500g)	**양념장**	
청고추	2개(30g)	들깨가루 1큰술(15g), 녹차소금(36쪽 참	
양파	1/2쪽(100g)	조) 1/3작은술(1g), 산초가루 1/5작은술	
녹차소금	1/5작은술(1g)	(1g), 맛간장(40쪽 참조) 1큰술(15ml), 들	
(36쪽 참조)		기름 1/2큰술(10ml))	
조선간장	1큰술(20ml)		

1 냄비에 물을 넉넉히 붓고 끓이다가 팔팔 끓으면 녹차소금을 넣고 콩나물을 데친다.

얼음물로 헹구면 더욱 아삭해요.

2 데친 콩나물은 찬물에 1~2번 정도 헹구고 물기를 뺀 뒤에 조선간장으로 버무려 밑간을 한다.

3 청고추는 씨를 제거한 뒤 곱게 채썰고, 양파도 곱게 채썬다.

4 분량의 재료를 섞어 양념장을 만든다.

5 밑간된 콩나물에 채썬 청고추, 양파를 넣고 조물조물 무치다가 양념장을 붓고 마저 무친다.

무공해 맛내기비법

콩나물 데쳐서 밑간하기 & 산초가루

• 콩나물은 조금 풋내가 나는 듯 하게 데쳐야 아삭아삭하면서 영양소도 살릴 수 있어요. 데친 뒤에는 조선간장으로 밑간을 해야 맛이 살아나요.

• 양념장에서 산초가루의 양이 콩나물무침의 맛을 결정해요. 산초가루는 콩나물의 비릿한 맛을 잡아주고, 들깨의 특이한 잡냄새를 구수한 냄새로 바꿔주며, 입 안을 개운하게 해주는 효과가 있답니다. 산초가루는 아주 소량만 사용해 상큼한 맛을 주세요.

매운고구마조림

고수의
한마디

고구마는 체력을 좋게 하고 위장을 튼튼하게 해주는 대표적인 알칼리성 식품이에요. 게다가 비타민 성분이 많아 성장기 아이들의 피로 회복을 도와요. 특히 고구마 속에 많이 들어 있는 비타민 B1과 카로틴은 야맹증 치료와 시력 향상에 효과적이랍니다.

밤고구마	3개(600g)
포도씨유	적당량
통깨	1/2작은술
황설탕시럽	2큰술(40ml)
황설탕 1/4컵(30g), 물 1/4컵(50ml)	

소스

맛간장(40쪽 참조) 3큰술(45ml), 고추기름 1큰술(20ml), 생강청(48쪽 참조) 1큰술(20ml), 참기름 1작은술(5ml), 다시마물 1/4컵(50ml)

└ 약 24시간 동안 5×5cm 정도의 다시마 1장을 물 5컵에 불려서 만들어요.

1 고구마는 먹기 좋은 크기로 썰어서 찬물에 담가 전분기를 빼준 후 물기를 완전히 제거한다.

2 황설탕과 물을 섞어서 약한 불로 뭉근히 끓인다. 황설탕이 녹으면 불을 끄고 식힌다.

3 ②의 황설탕 시럽 2큰술에 분량의 소스 재료들을 섞어 소스를 만든다.

> 기름에 밀가루를 조금 떨어뜨려 봐서 바로 밀가루가 떠오르면 튀기기 좋은 온도예요.

4 달궈진 팬에 포도씨유를 팬의 반 이상 담고 끓이다가 튀김하기 좋은 온도(160~180도)가 되면 고구마를 2번 튀긴다.

5 오목한 팬에 소스를 넣고 뭉근히 끓이다가 튀겨진 고구마를 넣고 고루 버무린 뒤 통깨를 뿌린다. 센 불로 살짝 볶은 뒤 불을 끈다.

무공해 맛내기비법 🍴

밤고구마

고구마에는 밤고구마, 호박고구마, 물고구마가 있는데, 조림하기 좋은 것은 밤고구마예요. 고구마에 수분이 많으면 바삭한 맛을 느낄 수 없거든요.

호박고구마 • 물고구마와 호박을 교접하여 만든 것으로, 고구마 살의 빛깔이 주황색이에요. 밤고구마처럼 달면서 물고구마처럼 부드러워요.

물고구마 • 다른 고구마에 비해 수분이 많은 고구마로, 찌거나 구웠을 때 말랑말랑하고 물기가 많아요. 날것으로 먹기에도 좋으며, 겨울철 군고구마용으로 좋아요.

밤고구마 • 밤맛이 나는 고구마예요. 물고구마에 비하여 당도나 수분이 적은 편으로, 찌거나 구웠을 때 육질이 단단하며 물기가 없는 것이 특징입니다.

홍합조림

고수의 한마디

홍합은 피로회복제나 다름없어요. 비타민과 칼슘, 철분, 단백질이 풍부해 몸속 유해산소를 제거하고 빈혈을 예방해줘요. 게다가 홍합은 다른 바다생물과 달리 염분이 거의 없어 간 맞추기도 비교적 수월해요. 성장기 딸이 있다면 생리기간에 많이 만들어주세요.

건조 **홍합살**	1컵(200g)	
아몬드	1/2컵(100g)	
쌀뜨물	1컵(200ml)	

양념장

맛간장(40쪽 참조) 3큰술(45ml), 고추기름 1큰술(15ml), 흑생강청(50쪽 참조) 3큰술(45ml), 조청 1큰술(15ml), 통깨 1/2 작은술(3g))

1 건조 홍합살은 물에 15분 정도 불린다. 다 불면 채반에 밭쳐 물기를 뺀다.

2 달궈진 팬에 분량의 양념장 재료를 넣고 끓인다. 보글보글 끓으면 불린 홍합, 쌀뜨물을 넣고 중간 불로 조린다.

3 양념이 자작해지면 아몬드를 넣고 한 번 더 조린다.

 건강톡톡!

홍합은 늦은 겨울부터 봄까지 제철이에요. 여름에 나오는 홍합은 안면마비 등을 일으키는 삭시토신이라는 독소가 생길 수 있으므로 여름철 홍합은 먹지 않는 것이 좋아요.

무공해
맛내기비법

홍합손질법

홍합에 붙어 있는 수염을 잡아당겨 떼어내고 두개를 비비면서 홍합에 붙어 있는 이물질을 제거하면 깨끗해져요.

고등어조림

등푸른 생선의 대표주자인 고등어에는 뇌세포 활성 물질인 DHA가 들어 있어요. 값비싼 음식이 부럽지
않은 반찬이에요.

생물 고등어	1마리(손질 후 400g)	
감자	2개(150g)	
양파	1/2개(100g)	
청고추	1개(15g)	
홍고추	1개(18g)	
쌀뜨물	2컵(400ml)	

양념장

고추장 1큰술(15g), 고춧가루 1/2큰술 (8g), 생강청(48쪽 참조) 1/2컵(100ml), 맛간장(40쪽 참조) 4큰술(60ml), 다진 대 파 1작은술(5g), 레몬즙 1/2작은술(2ml)

1 고등어는 내장과 머리를 제거 한 뒤에 흐르는 물에 깨끗이 헹 군다.

2 감자는 3~4쪽으로 두껍게 썬 다.

3 청고추와 홍고추는 어슷하게 썰고, 양파는 채썬다.

4 분량의 재료들을 섞어서 양념 장을 만든다.

양념장은 1큰 술을 남기고 부어주세요.

5 냄비에 감자를 깔고 고등어를 고루 넣고 양념장의 2/3를 고루 부은 뒤 쌀뜨물을 부어 조린다.

6 고등어가 익고 감자에 양념이 배면 청고추, 홍고추, 양파를 올리고 남은 양념장을 마저 뿌 린 후 한소끔 끓인다.

무공해 **맛내기비법**

쌀뜨물 & 레몬즙

• 고등어조림을 할 때 쌀뜨물을 넣고 조리면 쌀뜨물 속의 전분이 고등어 몸 안에 있던 영양 소들이 밖으로 빠져 나가는 것을 막아주고 비린 맛을 잡아줘요.

• 묵은지나 레몬즙을 넣으면 고등어의 살이 부서지는 것을 예방할 수 있어요.

누드잡채

고수의 한마디 잡채는 다양한 재료가 들어가 5대 영양소를 고루 갖춘 음식인 반면, 당면의 주재료인 전분이 소화를 방해하는 단점이 있어요. 그 단점을 보완하는 재료가 단무지예요. 단무지 속의 소화효소 디아스타제가 몸을 가볍게 만들어준답니다.

당면	4줌(600g)	맛기름(42쪽 참조)	3큰술(45ml)	**양념장**
감자	1개(150g)	버섯마늘소금(38쪽 참조)	1작은술(5g)	버섯마늘소금(38쪽 참조) 1/2작은술(3g),
단무지	1/4쪽(250g)	설탕	1/2큰술(8g)	통깨 1큰술(20g), 참기름 1큰술(15ml) 맛
양파	1/2개(80g)	식초	1작은술(5ml)	간장(40쪽 참조) 3큰술 (45ml), 설탕 1/2
오이	1/2개(200g)	다시마물	5컵(1000ml)	큰술(8g), 다진 대파 1큰술(15g)
유부	4장(80g)	└ 약 24시간 동안 5×5cm 정도의 다		
느타리버섯	2줌(200g)	시마 1장을 물 5컵에 불려서 만들		
건조 새송이버섯	1개분(40g)	어요.		

1 당면은 1시간 정도 다시마물에 불린다.

2 감자는 곱게 채썰어 물에 담가 전분기를 완전히 뺀 뒤에 버섯 마늘소금에 살짝 절여서 맛기 름을 두른 팬에 볶는다.

3 단무지는 따뜻한 물과 찬물에 차례로 헹군 뒤 곱게 채썰어 설 탕과 식초에 살짝 버무리고, 유 부는 뜨거운 물에 데친 뒤 곱게 채썬다.

4 양파는 곱게 채썰어 버섯마늘소 금에 살짝 절이고, 오이는 돌려 깎아 껍질과 속을 각각 채썬 뒤 버섯마늘소금으로 밑간을 한다.

5 건조 새송이버섯은 물에 30분 간 불린 뒤 잘게 찢고, 느타리 버섯은 뜨거운 물에 데쳐서 잘 게 찢어 각각 버섯마늘소금으 로 밑간 한다.

6 당면은 건져서 물에 헹구지 말 고 맛기름을 두른 팬에 넣고 버섯마늘소금 간을 살짝 해서 볶다가 양념장을 넣고 계속 볶 는다.

7 감자, 양파, 단무지, 유부, 새송 이버섯, 느타리버섯을 넣고 한 번 더 둘러 볶는다. 먹기 전에 오이채를 올린다.

무공해 🍴
맛내기비법

당면 불리기 & 단무지 씻기

• 당면을 맹물이 아닌 다시마 우린 물에 불리면 삶는 시간이 줄어들고 면에 탄력이 생겨 더 욱 쫄깃하답니다.

• 단무지는 집에서 담근 것이 아니라면 색소, 보존제 등 유해물질 걱정을 안 할 수가 없어요. 반드시 따뜻한 물에 깨끗이 헹궈서 사용하세요.

콜라비깍두기

콜라비는 요즘 뜨고 있는 웰빙 채소예요. 단백질, 칼슘, 비타민 C가 많이 들어 있는데 특히 비타민 C는
순무보다 3~4배나 많이 들어 있어요. 칼슘도 많아 한창 크는 아동의 골격을 강하게 하고 치아를 튼튼하
게 하는 데 이상적인 채소랍니다. 날로 먹어도 좋고, 다이어트 간식으로도 최고예요.

콜라비	1개(1200g)	**양념장**
쪽파	1/4줌(20g)	고춧가루 1큰술(15g), 멸치액젓 1큰술
양파	1/4쪽(30g)	(15c), 대파(흰 부분) 2cm(5g), 통깨 1작
꽃소금	1큰술(15g)	은술(5g)

1 콜라비는 껍질을 까서 이파리까지 한 입 크기로 깍둑썬 뒤 꽃소금에 15분 정도 절인다.

2 양파는 채썰고, 쪽파는 5cm 길이로 썬다.

3 대파는 곱게 다져서 고춧가루, 멸치 액젓, 통깨와 고루 섞어 양념장을 만든다.

4 절여진 콜라비를 물로 헹궈서 물기를 뺀 뒤에 양파, 쪽파, 양념장에 버무린다.

보너스 레시피

콜라비 응용요리

| 재료 : 콜라비 장아찌1/2개 양념장: 생강청1큰술+설탕1/2큰술+조청1큰술+참기름1큰술+통깨약간 |

❶ 콜라비 장아찌는 곱게 채 썰어서 시원한 냉수에 2번 정도 헹구어 준 후 물기를 꼭 짜준다.

❷ 짜준 콜라비 장아찌 채를 먼저 생강청과 설탕 1/2 큰술을 넣어서 바질바질 버무려준다.

❸ 다시 여기에 조청을 넣어 버무려주고 여기에 참기름과 통깨를 넣어 마무리 해준다.
　　(기호에 따라 청양고추를 송송 썰어 넣어도 아주 좋다.)

사과물김치

**고수의
한마디**

"하루에 사과 한 개를 먹으면 의사가 필요 없다"는 말이 있을 정도로 사과는 건강을 유지하는 데 없어서는 안 될 과일이에요. 특히 사과의 칼슘은 체내의 염분을 체외로 배출시키는 작용을 한답니다. 치킨, 피자, 햄버거 같은 인스턴트음식을 먹을 때 사과물김치를 함께 주면 체내 염분을 배출시킬 수 있겠죠?

재료 준비하기 (4인분)

사과	2개(450g)	사과식초	2큰술(30ml)
청고추	2개(80g)	김칫국	
홍고추	1개(50g)	물 10컵(2000ml), 녹차소금 1/3큰술(6g),	
미니 파프리카	3개(120g)	표고버섯젓갈 2큰술(30ml), 생강청 1컵	
오이	1/2개(70g)	(200ml), 고추씨 2큰술(30g), 매실청 2큰	
양파	1/2개(70g)	술(30ml), 배즙 1컵(100ml))	

1 물 10컵에 고추씨를 넣고 한 번 끓인 뒤 체에 걸러서 식힌다.

2 사과는 먹기 좋은 크기로 썰어서 씨를 제거하고 사과식초를 뿌려 갈변을 막아준다.

3 오이는 꽃모양틀로 찍은 뒤 얇게 썰고, 양파는 한 입 크기로 썬다.

4 청고추, 홍고추, 파프리카는 원형의 모양을 살려서 썰어준다.

5 식은 고추씨물에 표고버섯젓갈, 생강청, 매실청, 배즙, 녹차소금을 넣고 섞어 김칫국을 만든다.

6 김칫국에 사과, 오이, 양파, 홍고추, 청고추, 파프리카를 넣고 실온에서 하루 정도 숙성시킨다.

무공해 맛내기비법

천연 단맛

설탕보다 천연의 식재는 칼로리가 낮을 뿐 아니라 소화에도 도움이 돼요. 설탕은 혈관으로 바로 흡수되므로 우리 몸을 급속하게 고혈당 상태로 만들었다가 인슐린이 분비되면 혈당이 다시 급속하게 분해되어 저혈당 증상이 나타나기도 하잖아요. 단맛을 내주는 천연의 식재료들로는 양파, 사과, 배, 대추, 호박, 무 등 다양하답니다.

봄동된장국

고수의 한마디

봄동은 겨울 동안 노지에서 자란, 속이 꽉 차지 않고 잎이 옆으로 퍼진 배추를 말해요. 씹을수록 고소하죠. 일반 배추나 다른 봄채소보다 항산화작용이 뛰어나 피로 회복은 물론 봄날 나른함 몸을 잡아주고 겨울철 묵은 지방질을 날려준답니다. 섬유질과 당질이 풍부해 다이어트와 변비에도 좋아요.

봄동	1포기(150g)		버섯마늘소금	1/2작은술(2g)
건조 홍합살	1/2컵(100g)		(38쪽 참조)	
된장	1큰술(30g)		물	8컵(1600ml)

1 봄동은 한 장 한 장 잎을 떼어서 뜨거운 물에 데친 뒤 찬물에 헹구고 물기를 뺀다.

2 물 8컵에 홍합살을 넣고 끓인다. 국물이 뿌옇게 우러나면 된장을 풀어서 국물을 만들어준다.

3 물기 뺀 봄동 잎은 먹기 좋은 크기로 썰어 버섯마늘소금을 살짝 뿌려서 밑간을 한다.

4 보글보글 국물이 끓어오르면 밑간한 봄동 잎을 넣고 버섯마늘소금으로 간을 해 한소끔 끓인다.

무공해
맛내기비법

봄동 삶기 & 버섯마늘소금

- 봄동은 본격적으로 조리하기 전에 깨끗이 씻어 삶아주면 아주 좋아요. 봄동을 삶을 때는 단단한 뿌리 부분을 먼저 삶아 익힌 뒤에 잎 부분을 삶아야 해요. 뿌리 부분과 잎 부분을 함께 삶으면 잎 부분이 많이 물러지거든요. 다 삶고 나면 찬물에 꼭 헹구세요.

- 향신료를 자제하고 순수한 식재료 본연의 맛을 느낄 수 있게 요리하는 것이 포인트예요. 버섯마늘소금을 넣은 것도 같은 맥락이랍니다. 만일 마늘을 썰거나 찧어서 넣었다면 마늘의 향이 강했을 거예요. 그런데 버섯과 마늘이 만나서 버섯의 향을 진하게 하고, 다른 음식의 맛을 돋보이게 한답니다. 국물 맛은 더욱 구수해져요.

버섯미역국

고기를 싫어하는 아이들에게 제격인 음식이에요. 새송이버섯을 말린 후 물에 불려서 찢어 요리하면 닭고기와 모양도 맛도 영양성분도 비슷해져요. 아이의 아침식사에, 또 일품요리를 먹을 때 곁들이 국으로 제격이에요.

건조 새송이버섯	3개분(30g)	물	8컵(1600ml)
건조 미역	2큰술(20g)	조선간장	1큰술(15ml)
참기름	1큰술(15ml)	표고버섯가루	약간(1g)
녹차소금	1/2작은술(2g)	산초가루	약간(1g)
(36쪽 참조)			

1 건조 미역은 넉넉한 물에 충분히 불린다. 불리고 나면 손으로 꽉 짜서 물기를 최대한 빼고 녹차소금으로 밑간을 해준다.

새송이버섯을 데친 물은 버리지 말아요.

2 물 8컵을 냄비에 붓고 끓이다가 팔팔 끓으면 건조 새송이버섯을 넣어 빨리 데친다.

3 데친 새송이버섯은 결을 따라 잘게 찢은 후 녹차소금으로 밑간을 해준다.

4 뜨겁게 달군 팬에 잘게 찢은 새송이버섯을 넣고 참기름을 둘러 볶다가 미역을 넣고 계속 볶는다.

5 새송이버섯 데친 물을 붓고 센불로 끓인다. 국이 끓어오르면 표고버섯가루, 조선간장으로 간하고 불을 끈 후 산초가루를 넣는다.

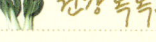
건강톡톡!

새송이버섯은 각종 암을 예방하고 치료하는데 효능이 있고 83%가 수분이라 탈수증상에 좋습니다. 비타민C, B6가 풍부해 노화방지와 신경안정, 피부미용에도 아주 좋아요.

무공해 11
맛내기비법

건조 새송이버섯

새송이버섯을 말려서 요리하면 마치 닭고기 같은 맛이 나요. 퍽퍽한 느낌 없이 씹혀서 아이들이 더 잘 먹는답니다. 마트에서 새송이버섯 2팩을 한 묶음 가격에 팔 때 사서 1팩은 사용하고, 남는 1팩을 말려주세요. 통풍이 잘되고 그늘진 곳에 한지를 깔고 새송이버섯을 4~5쪽 편으로 썰어 널어두면 돼요. 선풍기를 틀어놓고 하루에 한 번 정도 앞뒤로 뒤집어주면 더 잘 말라요.

감자국

고수의
한마디

감자야말로 제철에 먹으면 보약이 되는 식재료예요. 여름 햇감자로 끓인 감자국은 입맛을 잡아주는 효자 노릇을 하고, 여름감기로 입맛을 잃었을 때 몸을 보호해주는 역할을 해주거든요. 여름철만큼은 감자 요리! 기억하세요.

감자	4개(320g)	**버섯마늘소금**	1/2작은술(3g)
양파	1/2개	(38쪽 참조)	
다시마	5×5cm 1장(1g)	**물**	8컵(1600ml)
참기름	2큰술(30ml)		

1 감자는 껍질을 벗겨서 나박썬 뒤에 약 10분간 물에 담가 전분기를 빼 준다.

2 양파는 채썬다.

3 감자를 건져서 물기를 빼고 참기름을 두른 팬에서 볶는다. 감자가 투명해지면 다시마와 물을 넣고 끓인다.

4 보글보글 끓으면 다시마를 건지고 채썬 양파를 넣고 버섯마늘소금으로 간을 한다. 한소끔 끓인 뒤에 불을 끈다.

무공해
맛내기비법

다시마

대부분의 요리는 다시마물을 하루 전날이나 몇 시간 전에 우렸다가 사용했는데, 감자국의 경우는 다시마를 넣고 끓여서 국물을 냈어요. 맛이 더욱 깔끔해요. 만약 어른들이 드실 감자국이라면 다시마를 버리지 말고 채썰어 국에 넣어 함께 먹어도 좋아요.

홍합 어묵꼬치탕

어묵국을 끓일 때 재료를 잘못 넣으면 국물에서 단맛이 너무 많이 나요. 단맛 없이 시원한 국물을 내고 싶을 때 홍합을 이용하세요. 홍합에는 키를 크게 하는 성분이 많이 들어 있어 맛과 성장을 모두 잡을 수 있답니다.

재료 **준비하기** (4 인분)

홍합	600g
원형 어묵	5개(250g)
청고추	1개(32g)
홍고추	1개(40g)
삶은 메추리알	적당량(400g)
생강청	3큰술(45ml)
(48쪽 참조)	

해감용 소금물
꽃소금 1/2큰술(8g), 물 3컵(600ml)
국물 8컵
물 10컵(2000ml), 맛간장(40쪽 참조) 5큰
술(100ml), 생강청(48쪽 참조) 5큰술
(100ml), 설탕 1작은술(5g), 녹차소금(36
쪽 참조) 1/2작은술(3g), 후춧가루 약간
(1g), 다진 대파(흰 부분) 1/2큰술(10g), 우
엉가루 1작은술(5g)

1 홍합은 소금물에 해감을 한다. 해감이 끝나면 찬물에 헹구고 껍데기에 붙은 털을 떼어낸다.

2 냄비에 분량의 국물 재료를 넣고 중간 불로 끓인다. 국물 양이 8컵 정도 되면 홍합을 넣고 계속 끓인다.

어묵을 얼음물에 헹구면 더욱 쫀득해요.

3 다른 냄비에 물을 넉넉히 붓고 생강청을 3큰술 넣는다. 물이 팔팔 끓으면 어묵을 넣고 삶아 기름기와 불순물을 제거하고 바로 찬물에 헹군다.

4 어묵은 물기를 뺀 뒤에 먹기 좋은 크기로 썰고, 청고추와 홍고추는 원형을 살려 썬다.

5 나무꼬치에 어묵, 청고추, 홍고추, 삶은 메추리알을 보기 좋게 꽂은 뒤 끓고 있는 홍합 국물에 넣어 한 번 더 끓인다.

무공해 맛내기비법

어묵과 생강청

어묵에 들어 있는 불순물 때문에 고민이 많으시죠? 불순물을 없애고 맛도 살리는 방법이 있어요. 생강청을 조금 넣은 끓는 물에 삶으세요. 불순물이 배출되고 맛은 부드러워져요.

감자수프

고수의
한마디

감자를 껍질을 벗기고 즙을 내서 매일 아침, 저녁으로 공복에 마시면 소화기관이 튼튼해지면서 몸이 가벼워진다고 해요. 하지만 우리 아이들은 생감자를 싫어하죠? 수프로 만들어주면 잘 먹어요.

감자	2개(600g)	**녹차소금**	1/2작은술(3g)
우유	2컵(400ml)	(36쪽 참조)	
다시마물	2컵(400ml)	**흰 후춧가루**	약간(1g)

ㄴ, 약 24시간 동안 5×5cm 정도의 다시
마 1장을 물 5컵에 불려서 만들어요.

검정깨	1큰술(20g)
맛기름	2큰술(30ml)
(42쪽 참조)	

1 감자는 나박나박 썬 뒤 찬물에 30분 정도 담가 전분기를 완전히 빼준다. 찬물에 헹군 뒤에 물기를 제거한다.

2 맛기름을 두른 팬에 물기를 제거한 감자를 넣고 녹차소금을 뿌려 볶는다.

3 감자가 익으면 다시마물, 우유, 흰 후춧가루와 함께 믹서에 넣고 갈은 뒤 그릇에 담는다. 검정깨를 고명으로 올린다.

건강톡톡!

감자는 민간요법과 미용법에 두루 사용되는 채소에요. 감자는 즙으로 먹었을 때 가장 큰 효과를 볼 수 있어요. 고혈압과 동맥경화에 좋고 부기를 가라앉히는 기능, 위벽을 보호하기 때문에 위·십이지궤양에 효과가 있답니다.

무공해 맛내기비법

감자의 전분기 빼기 & 볶기

감자의 전분기를 빼주는 것이 요리의 맛을 결정하는 데 아주 중요합니다. 전분기를 빼주지 않으면 국물 맛이 텁텁해요. 헹굴 때는 뿌연 물이 안 나올 때까지 물로 여러 번 헹궈주는 것이 좋아요. 그리고 볶을 때는 태우지 말고 투명한 색깔이 나오도록 볶아주세요.

구운두부된장국

고수의 한마디

고기를 안 먹는 아이에게 단백질을!
두부를 안 먹는 아이에게는 고기 맛을 새롭게 느끼게 해줄 부드러운 된장국이 어떨까요?

두부	1/2모(150g)
노란배추속	3장(60g)
애호박	1/2개(200g)
버섯마늘소금	1/2작은술(2g)
맛가름	3큰술(45ml)

국물
물 4컵(800ml), 된장 1큰술(20g), 두부
된장다시다(52쪽 참조) 1작은술(5g), 다
시마사방10cm 1장

1 다시마와 물4컵, 된장을 넣고
끓여 국물을 만들어 준다.

2 다시마는 건져 채 썰어 고명으
로 이용 한다.

3 노란배추속은 1cm씩 가로로
썰어주고, 애호박은 눈썹모양
으로 잘라준다.

4 두부는 1cm 굵기로 잘라주어
수분을 제거하고 버섯마늘소금
을 뿌려준 뒤 맛기름에 구워 키
친타올로 기름기를 제거 한다.

5 국물에 배추와 두부, 애호박을
넣어 끓인다.

바지락설렁탕

설렁탕보다 더 개운한 바지락 설렁탕.
추운 겨울날 바지락 설렁탕 한 그릇이면 추위걱정 끝!

바지락	1컵(200g)	녹차소금	1작은술(5g)	
당면	1줌(50g)	(36쪽 참조)		
양파	1/4쪽(60g)	꽃소금	약간(3g)	
풋고추	1개(15g)	물	6컵(1200ml)	
		미지근한 물	4컵 (800ml)	

1 바지락은 물2컵 정도에 꽃소금을 넣어 해감 시켜준다.

2 당면은 미지근한 물로 30분정도 불려준다.

3 해감 시킨 바지락을 씻어 물 4컵을 넣고 끓인다.

4 고추는 원형모양으로 송송 썰어주고 양파는 채 썰어준다

5 바지락 끓인 물에 불린 당면과 양파를 넣고 녹차소금으로 간을 해준다.

6 송송 썰어진 고추를 고명으로 완성 한다.

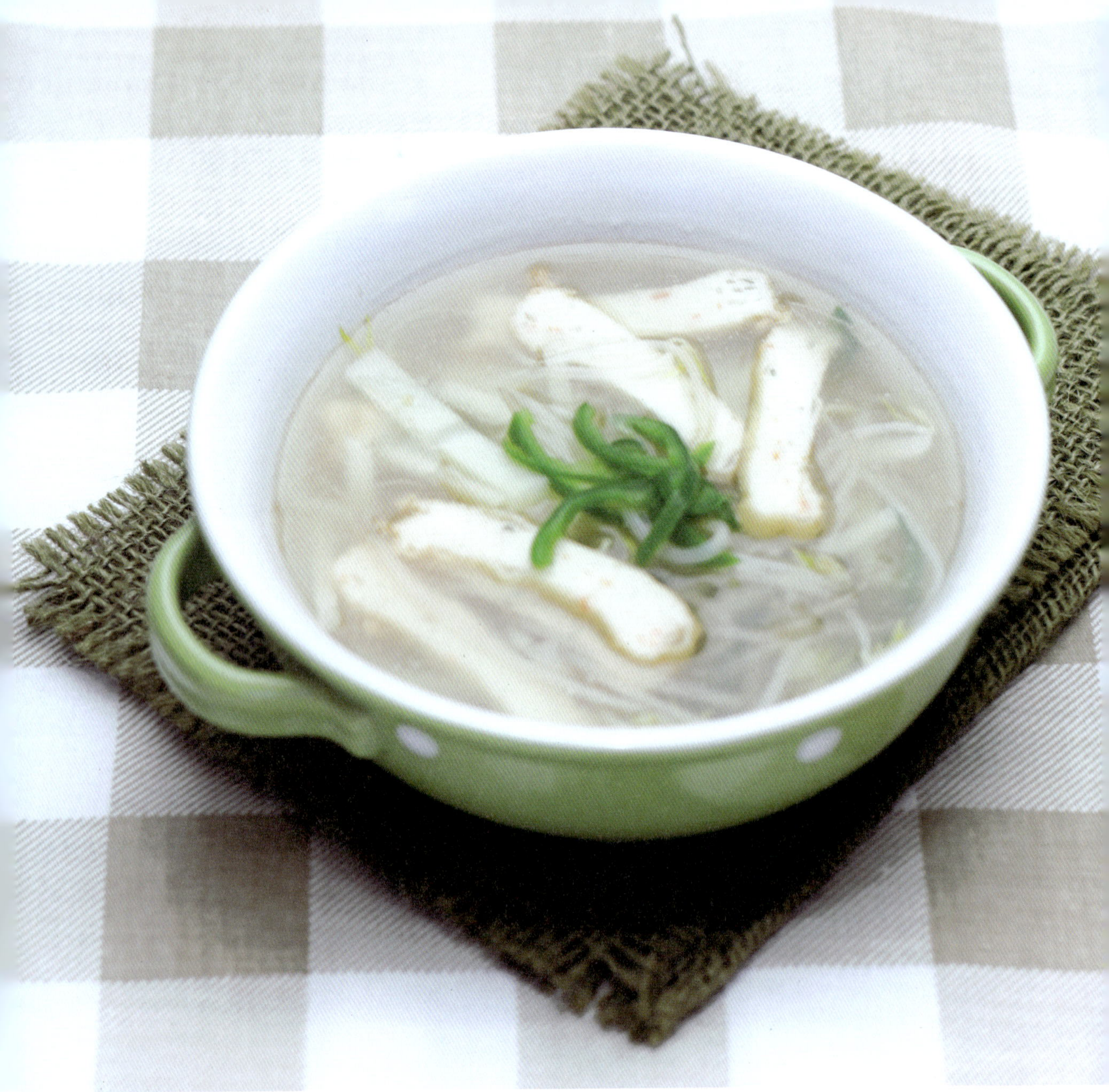

감자숙주완탕스프

고수의 한마디

부드럽지만 씹어 먹는 재미도 있는 스프.
아이의 잇몸건강을 위한 씹어 먹는 건강식 완탕스프예요.

생선어묵	2조각(400g)	**국물**
감자	1개(150g)	물 6컵(1200ml), 다시마 10cm 1장, 맛간
숙주	1줌(100g)	장(40쪽 참조) 2큰술(30ml), 전분물(전분
풋고추	2개(30g)	1/2큰술+물2큰술)
참기름	1큰술(15ml)	

1 감자는 껍질을 벗긴 후 사방1cm굵기로 채 썰어 찬물에 담궈 전분기를 빼준다.

2 고추는 씨를 제거해 채 썰어주고, 어묵은 모양대로 채 썰어준다.

3 물6컵에 다시마를 넣고 끓여주다 다시마는 건져내고 맛간장을 넣어 국물을 만든다.

4 만들어진 국물에 감자와 생선어묵을 넣고 끓이다 감자가 어느 정도 익으면 숙주를 넣어 끓인다.

5 전분물을 섞어서 농도를 맞추어주고 고추채를 넣어준 후 녹차소금으로 간을 해 완성 한다.

03

단단하고 활력 있는 하루!

오후3시
간식타임

간식은 어떤 것을 먹느냐도 중요하지만 언제 먹
느냐 또한 중요합니다. 간식을 먹기에는 오전 10
시와 오후 3시가 좋아요. 그중에서 오후 3시의
간식은 사막에서 찾은 오아시스라 할 수 있습니
다. 남은 하루를 더욱 힘 있게 보낼 수 있고, 저녁
시간까지 내 몸을 버틸 수 있게 해주는 활력소가
되니까요.
오후 3시뿐만 아니라 자녀가 놀다가 공부하다가
운동하다가 출출해하면 언제든 만들어줄 수 있는
건강간식을 소개합니다.

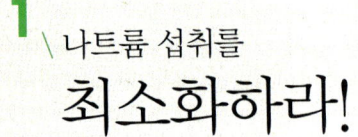

1 \ 나트륨 섭취를
최소화하라!

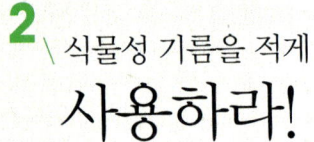

2 \ 식물성 기름을 적게
사용하라!

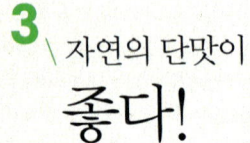

3 \ 자연의 단맛이
좋다!

소아비만 걱정 없는
간식의 노하우

4 \ 토마토케첩과 마요네즈는
홈메이드로!

5 \ 가공식품은 화학첨가물을 씻어내고
사용하라!

 **입에 쓴 약이** 몸에 좋듯이 조금 귀찮게 준비하는 재료일수록 몸에 좋다. 음식을 할 때 빠질 수 없는 소금! 화학소금이 아닌 천일염으로 녹차소금이나 버섯마늘소금을 만들어 사용해 나트륨의 섭취를 줄여라.

 간식은 특히 굽거나 볶는 요리가 많다. 그럴 때 기름은 식물성 기름(맛기름과 녹차기름)을 쓰되, 사용량을 최소화하라.

 정제설탕이 우리 몸에 좋지 않다는 사실은 이미 널리 알려져 있다. 아이가 달래도 절대 주지 말아야 할 것이 정제설탕이다. 단맛을 내야 할 때는 백설탕보다는 흑설탕이나 황설탕을 써도 되지만, 가급적 자연 속에서 해답을 찾아라. 꿀, 조청, 단감, 사과 등 둘러보면 단맛을 내는 자연 식재료가 널려 있다.

 시중에서 파는 토마토케첩과 마요네즈는 입에서는 반기지만 몸에서는 거부하는 식재료들이다. 가능하면 집에서 만들어라. 화학첨가물에서 해방될 수 있고, 소아비만을 걱정하지 않아도 된다.

 가공식품 사용은 철저히 배제하는 것이 좋지만, 어쩔 수 없이 사용해야 할 일이 생긴다. 그럴 땐 흐르는 물에 씻거나 뜨거운 물에 데쳐서 화학첨가물을 배출시킨 뒤에 조리하라.

생과일 두유오곡시리얼

이 시리얼은 만드는 방법이 간편한 것은 물론 영양도 만점이라 좋은 간식 겸 식사 대용식이랍니다. 오후 3시 간식으로도 훌륭하고, 아침에 입맛이 없다며 아이가 밥을 거르려고 할 때 얼른 만들어주면 든든한 아침식사가 돼요.

오곡시리얼	2컵(400g)		**방울토마토**	4알(120g)
두유	2컵(400ml)		**사과**	1/2쪽(200g)
키위	1개(260g)			

1 키위는 껍질을 벗기고 딱딱한 심을 제거한 뒤 작은 깍두기 모양으로 썬다.

2 사과도 껍질을 벗겨서 작은 깍두기 모양으로 썰고, 방울토마토는 4등분한다.

3 와인 잔에 오곡시리얼을 넣고 준비한 키위, 사과, 방울토마토를 담은 뒤 두유를 붓는다.

건강톡톡!

콩 좋은 건 말하면 입 아프죠? 단백질에 필수아미노산 7가지가 모두 들어있는 밭에서 나는 고기! 그러나 소화가 잘 되지 않는다는 단점이 있었죠. 콩을 삶아 짜낸 두유로 먹으면 각종 영양성분을 95%까지 흡수할 수 있답니다.

무공해 맛내기비법

오곡시리얼

오곡시리얼은 백화점 친환경 코너에 가면 쉽게 살 수 있어요. 하지만 사 먹는 시리얼에는 몸에 좋지 않은 설탕 성분이 다량 들어 있잖아요. 엄마가 조금만 시간을 낸다면 집에서도 만들 수 있답니다.
잡곡밥을 채반에 널어서 말린 뒤 약한 불로 구수한 맛이 날 때까지 볶으면 간단히 완성돼요. 이때 설탕이나 소금은 뿌리지 마세요.

바나나 흑설탕조림

바나나를 먹으면 변비가 생긴다는 편견은 이제 버리세요. 바나나에 들어 있는 펙틴(Pectin) 성분이 박테리아 성분을 증식시켜 설사와 변비를 동시에 예방하는 효과가 있거든요. 아이가 긴장성 변비와 스트레스성 변비로 고생할 때 이 바나나 흑설탕조림을 해주세요.

재료 **준비하기** (4 인분)

바나나	2개(280g)	흑설탕	1/2컵(60g)
생강	1조각(7g)	청주	1컵(200ml)
호박씨	1큰술(20g)		

1 바나나는 껍질을 제거한 뒤 세 로로 2등분을 한다.

2 생강은 곱게 채썬 후 찬물에 헹 궈 전분기를 빼주고, 호박씨는 아주 곱게 다진다.

3 흑설탕과 청주를 섞은 뒤 중간 불로 끓여 시럽을 만든다.

4 우르르 끓어오른 시럽에 생강 채를 넣고 약한 불로 조린다.

5 시럽이 자작해지고 생강채에 시럽이 배면 바나나를 넣고 약 한 불로 살짝 조린다.

6 접시에 바나나를 옮겨 담고 시 럽을 먹음직스럽게 뿌린다. 곱 게 다진 호박씨를 바나나 위에 뿌린다.

무공해
맛내기비법

살짝 덜 익은 바나나

바나나는 껍질이 갈색으로 변했을 정도로 완전히 익은 것이 맛있어요. 변비에도 효과가 좋구 요. 하지만 이 요리에서만큼은 무를 정도로 익은 바나나는 피해주세요. 시럽에 넣고 바나나를 살짝 조려야 하는데 너무 익은 바나나는 쉽게 무르고 단맛이 강해질 수 있거든요.
약간 덜 익은 것을 선택해 조리면 아삭이는 맛과 소스의 단맛이 어우러져 부드러운 바나나조 림을 드실 수 있어요.

옛날 샌드위치

샌드위치가 점점 진화해 고급 음식이 돼버린 듯해요. 하지만 아이들에겐 모양은 촌스럽더라도 영양만 가득하면 장땡이에요. 가급적 빵은 잡곡이 들어간 것을 선택하고, 기름이 많이 안 들어간 수제 마요네즈와 비타민 가득한 채소를 한꺼번에 넣어주세요.

재료 준비하기 (4인분)

검정깨식빵	8조각(260g)	(62쪽 참조)	
달걀	4개(240g)	통깨	1작은술(5g)
오이	1개(150g)	맛기름	3큰술(45ml)
당근	1/4쪽(50g)	(42쪽 참조)	
양파	1/2개(120)	녹차소금	1/2작은술(3g)
자연식 마요네즈	4큰술(80g)	(36쪽 참조)	

1 식빵은 기름 없는 팬에 올려 앞뒤로 뒤집어가며 노릇하게 굽는다.

2 당근, 오이는 편으로 얇게 썰고, 양파는 잘게 채썬다.

3 달걀은 맛기름을 두른 팬에서 프라이를 한다. 이때 녹차소금으로 간을 해준다.

4 썰어놓은 채소와 통깨, 자연식 마요네즈를 섞어 샐러드를 만든다.

5 식빵 한쪽에 샐러드를 고루 바르고 달걀프라이를 올린 뒤 다른 빵으로 덮어준다. 한 입 크기로 썰어서 내용물이 빠지지 않게 이쑤시개를 꽂아준다.

무공해 맛내기비법

식빵 굽기 & 통깨

• 빵은 기름 없이 구워야 재료들의 맛을 살릴 수 있어요.
• 통깨는 절대 빠져서는 안 된답니다. 씹을수록 샌드위치의 고소함이 2배가 돼요.

바나나샌드위치 & 키위밀크

고수의
한마디

더덕은 농약 없이 기르는 대표적인 무공해 식품이지만, 아이들은 맛이 없다며 잘 먹지를 않아요. 그래서
바나나와 땅콩버터, 구수한 더덕마늘 스프레드를 섞어서 샌드위치를 만들었어요. 더덕마늘 스프레드는
천연조미료 파트를 참고해 만드세요.

식빵	4장(150g)	바나나	2개(250g)
더덕마늘 스프레드	4큰술(100g)	키위	1개(100g)
땅콩버터	2큰술(50g)	우유	2컵(400ml)

1 더덕마늘 스프레드와 땅콩버터를 섞는다.

2 바나나는 껍질을 벗기고 가로로 2등분, 세로로 2등분을 해 모두 8조각을 내준다.

3 식빵은 기름기 없는 팬에서 앞뒤로 뒤집어가며 약한 불로 살짝 굽는다.

> 덮는 식빵의 한쪽 면에도 땅콩버터와 섞은 더덕마늘 스프레드를 발라주세요.

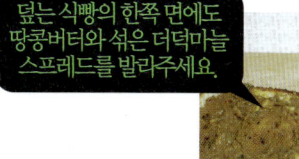

4 식빵의 한쪽 면에 땅콩버터와 섞은 더덕마늘 스프레드를 바르고 바나나 3~4쪽을 차곡차곡 올린 뒤에 다른 식빵으로 덮는다.

5 껍질을 벗긴 키위를 우유와 함께 믹서에 넣고 갈아서 샌드위치와 함께 낸다.

 건강톡톡!

키위는 비타민C가 많아 피부미용에 좋고 다양한 아미노산이 함유돼 있어 성장기 아이가 키가 자랄 수 있도록 도와줍니다. 또한 이노시톨이라는 성장 호르몬을 함유하고 있어 지능계발 및 학습능력을 높일 수 있어 어린이와 수험생에게 아주 좋은 과일이에요.

계피향 사과토스트

고수의
한마디 냉장고에 남아 있는 사과로 만드는 토스트예요. 계피와 사과는 춘향이와 이몽룡처럼 절대 궁합이라 입에서 착착 붙는답니다. 우리 밀 식빵이나 호밀식빵을 이용한다면 최고의 간식이 되겠죠.

호밀식빵	8장(300g)	**맛기름**	1큰술(15ml)
사과	2개(500g)	(42쪽 참조)	
황설탕	1/2컵(100g)	**계피가루**	2큰술(20g)
		백설탕	1큰술(15g)

1 사과는 씨를 제거하고 반달 모양으로 썬다.

2 팬에 맛기름을 두르고 사과를 넣고 황설탕을 뿌린 후 20분 정도 약한 불로 조린다.

3 사과가 조려지면 계피가루를 뿌려 10분 정도 더 조린다.

4 백설탕은 믹서로 곱게 갈아서 슈거파우더를 만들고, 식빵은 마른 팬에서 살짝 구운 뒤에 먹기 좋은 크기로 자른다.

5 식빵에 계피가루와 슈거파우더를 차례로 살살 뿌린 후 조린 사과와 곁들여 낸다.

건강톡톡!

계피는 따뜻한 성질을 가지고 있어 몸이 차가운 사람에 상당히 좋습니다. 계피 향 성분은 세균을 없애는 효능이 있어서 충치예방은 물론 입 냄새를 제거 할 수 있다고 합니다. 또한 노화를 예방하는 성분이 있어 장수 하는데 큰 도움이 된다고 하네요.

무공해 맛내기비법

계피

계피는 음식에 넣으면 단맛이 강해져요. 그래서 설탕이 들어간 케이크, 푸딩, 쿠키, 사과잼에 많이 쓰인답니다. 또한 계피에 든 향기 성분은 해로운 세균을 죽이는 역할을 톡톡히 해요. 특히 충치 예방에 좋으니 아이가 충치로 인해 괴로워한다면 진하게 끓인 계피물 반 숟가락을 따뜻한 물에 타서 양치질하게 하세요. 충치 균은 물론 입 냄새까지 없앨 수 있어요.

우리식 쌀국수

고수의 한마디 🖥️

녹두를 키워서 만든 숙주나물은 조직이 부드러워 누구나 쉽게 먹을 수 있답니다. 우리식 쌀국수에 느타리버섯, 미나리, 숙주를 넣은 것은 이 세 가지 재료가 힘을 합치면 몸속 노폐물이 말끔히 청소되기 때문이에요. 특히 여름 더위에 지쳐 있을 때 뜨겁게 한 그릇 먹으면 기분도 개운해져요.

쌀국수	4인분(800g)
숙주	1봉지(500g)
미나리	1줌(100g)
양파	1/2개(120g)
느타리버섯	1팩(200g)
홍고추	1개(30g)

곁들이장

맛간장(40쪽 참조) 1/2큰술(10ml), 표고버섯젓갈 2큰술(30ml), 다시마물 1/2컵(100ml), 생겨자 1작은술(5g)

└ 약 24시간 동안 5×5cm 정도의 다시마 1장을 물 5컵에 불려서 만들어요.

국물 8컵

물 10컵(2000ml), 맛간장(40쪽 참조) 5큰술(100ml), 생강청(48쪽 참조) 5큰술(100ml), 설탕 1작은술(5g), 녹차소금(36쪽 참조) 1/2작은술(3g), 후춧가루 약간(1g), 다진 대파(흰 부분) 1/2큰술(10g), 우엉가루 1작은술(5g, 만드는 방법은 하단 팁 참고)

1 쌀국수는 30분 정도 물에 담가 둔다.

2 숙주는 찬물에 헹궈 물기를 빼고, 양파는 채썰어 찬물에 헹군 뒤 물기를 뺀다.

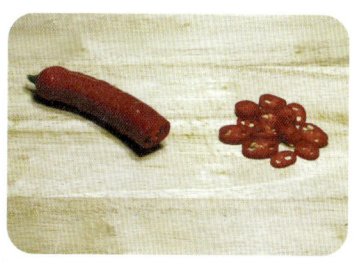

3 느타리버섯은 결을 따라 찢고, 미나리는 한 입 크기로 썬다. 홍고추는 원형으로 송송 썬다.

4 냄비에 물을 넉넉히 부어 끓인다. 팔팔 끓어오르면 쌀국수를 넣어 살짝 데친다. 쌀국수는 건져서 물기를 뺀다.

5 분량의 국물 재료들을 한 냄비에 담고 중간 불로 끓여 국물을 만들어준다.

6 쌀국수를 그릇에 담고 손질한 숙주, 미나리, 양파, 느타리버섯, 홍고추를 올리고 국물을 붓는다. 곁들이장을 함께 낸다.

무공해 🍴 맛내기비법

뜨거운 국물 & 우엉가루

- 예민한 사람들은 간혹 숙주의 비린 맛을 느끼더군요. 숙주의 비린 맛을 없애려면 국물이 뜨거워야 해요.
- 우엉가루가 없다면 우엉채를 넣어서 향과 맛을 내주세요. 이렇게 만든 국물은 샤브샤브, 우동 등 다양한 요리에 활용할 수 있어요.
- 우엉가루는 껍질을 벗겨서 어슷하게 썰어 식초물에 담갔다가 건져서 수분을 뺀 뒤에 아주 바싹 말려주세요. 말린 우엉을 분쇄기에 갈면 되는데, 우엉은 식이섬유가 많이 들어 있어 톱밥 같은 형태의 가루로 만들어진답니다. 우엉가루는 꼭 진공 상태로 냉동실에 넣어 보관하세요.

뚝배기 버섯라면

고수의
한마디

아이가 먹고 싶다는 것을 안 먹일 수 없고, 그렇다고 해서 먹고 싶은 것을 다 먹일 수도 없는 노릇. 대표적인 식품이 라면이죠? 아이를 위한 라면을 끓일 때는 여러 가지 채소를 두루 넣어주세요. 채소의 식이섬유가 재료 속 유해첨가물을 배출해주고 나쁜 지방이 몸속으로 흡수되는 것을 막아준답니다.

라면	4개	콩나물	1줌(100g)
라면 분말스프	1/2봉	대파(흰 부분)	10cm(30g)
당근	1/5개(50g)	홍고추	1/2개(3g)
양파	1/4개(30g)	청고추	1/2개(4g)
느타리버섯	1/2줌(100g)	국물	
표고버섯	1장(20g)	다시마 5×5cm 1장(2g),	
건조 새송이버섯	1개분(20g)	물 12컵(2400ml)	

1 건조 새송이버섯과 국물 재료를 한 냄비에 담고 중간 불로 끓인다. 국물이 우러나면 새송이 버섯은 건져낸다.

2 당근과 양파는 아주 곱게 채썬다. 청고추와 홍고추는 어슷하게 썰고, 대파는 모양을 살려 썬다.

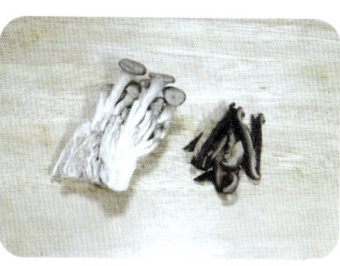

3 느타리버섯과 국물을 우리고 난 새송이버섯은 결을 따라 가늘게 찢고, 표고버섯은 곱게 채 썬다.

4 콩나물과 라면을 국물에 넣고 끓이다가 콩나물의 숨이 죽으면 준비한 당근, 양파, 버섯, 대파, 분말스프를 넣고 계속 끓인다.

5 면이 거의 익으면 뚝배기를 불에 올려 달군다. 티스푼으로 물 1스푼을 뚝배기에 떨어뜨려 시끄러운 소리를 내면서 물이 튀면 불을 끈다.

6 냄비에서 끓이던 라면을 뚝배기로 옮겨 담고 준비한 청고추와 홍고추를 올린다.

무공해 맛내기비법

버섯과 콩나물

라면에 버섯을 넣으면 유해성분을 제거해주면서 개운하고 구수하게 국물 맛을 내줘요. 콩나물은 국물을 시원하게 해줘요.

웰빙 자장라면

고수의 한마디 어른 입맛에도 자장면보다는 '짜파게티'가 맛있는데, 아이들은 오죽할까요? 아이에게 '짜파게티'를 끓여줄 때는 콩나물과 오이를 섞어 예쁘게 메추리알로 장식해주세요. 채소를 함께 먹일 수 있어 엄마의 마음이 위로될 거예요.

'짜파게티' 면	4개	미니 파프리카채	1개분(30g)
콩나물	1줌(100g)	**'짜파게티'**	4봉
삶은 메추리알	2개(30g)	**분말소스**	
오이채	1/2개분(70g)	**물**	4컵(800ml)

1 분량의 물에 콩나물과 면을 넣고 센 불로 끓인다.

2 물이 보글보글 끓으면 반 정도 버린 뒤에 분말소스와 오이채를 넣고 중간 불로 볶는다. 면이 익으면 불을 끈다.

3 메추리알은 반으로 가른 뒤 파프리카채와 함께 고명으로 올린다.

무공해 맛내기비법

콩나물 & 오이

• 자장라면, 일명 '짜파게티'에 콩나물을 넣고 끓이는 것은 아마 처음일 거예요. 콩나물은 '짜파게티'의 느끼한 맛을 잡아주면서 씹으면 씹을수록 고소한 맛이 나게 하는 일등공신이랍니다.

• 오이를 살짝 볶아서 넣으면 오이의 아삭하고 상큼한 맛이 입 안에 퍼져 더욱 맛있는 웰빙 자장라면이 돼요.

카레게티

고수의
한마디

스파게티면과 카레를 섞어 만든 카레게티는 강황의 효과를 그대로 보기 위해 기름 1방울 넣지 않고 만들어 담백하고 개운해요. 카레의 성분인 강황은 아주 다양한 효능을 가지고 있어요. 특히 다이어트에 좋다고 해요.

재료 **준비하기**(4 인 분)

스파게티면	4인분(600g)	오이	1개(200g)
카레가루	1봉(100g)	다시마물	3컵(600ml)
감자	2개(150g)	우유	2컵(400ml)
당근	1/5쪽(50g)	양송이버섯	4개(80g)
양파	1/2개(100g)	맛기름	1작은술(5ml)
애호박	1/2개(150g)	(42쪽 참고)	

1 감자, 당근, 양파는 껍질을 벗긴 뒤 작게 깍둑썰고, 양송이도 작은 사각형으로 썬다.

2 오이, 애호박은 겉껍질을 돌려 깎아 겉껍질만 작게 깍둑썬다.

3 감자와 당근을 다시마물 3컵에 넣고 끓여서 익힌다.

4 카레가루는 우유에 섞어 멍울 없이 완전히 풀어준다.

5 감자와 당근이 익으면 우유에 풀어준 카레가루를 붓고 약한 불로 계속 끓인다.

6 오목한 냄비에 물을 충분히 붓고 끓이다가 맛기름을 넣고 스파게티면을 7~10분 정도 삶는다. 다 삶아지면 건져서 물기를 뺀다.

7 카레가 걸쭉해지면 썰어놓은 오이, 애호박, 양송이, 양파를 넣고 주걱으로 저어가며 익힌다. 스파게티면 위에 카레를 올려 먹는다.

무공해
맛내기비법

물의 양 & 우유

• 기름에 볶지 않고 만드는 만큼 절대 물의 양을 많이 잡으면 안 돼요.
• 저지방우유는 카레를 묽게 만드니 일반 우유를 사용하세요.

연잎국수

고수의 한마디

연잎차로 익숙한 연잎은 피를 맑게 할 뿐만 아니라 설사, 두통, 어지럼증, 코피, 야뇨증, 해독에 치료제로도 쓰여요. 연잎국수는 물 없이 오직 푸르고 싱싱한 연잎을 갈아낸 즙으로만 반죽을 해 밀가루 국수보다 훨씬 건강하답니다. 장국에 말아주면 방과 후 아이들의 에너지 푸드로 제격이에요.

재료 준비하기 (4인분)

연잎국수	4줌(800g)
오이	1/2개(200g)
방울토마토	2개(50g)
사과	1/2개(150g)
미니 파프리카	1개(60g)
삶은 메추리알	4개(100g)
레몬즙	1큰술(15ml)

국수 국물
다시마물 4컵800ml), 사과물김치 국물
1컵(200ml), 녹차소금(36쪽 참조)
1작은술(5g)
ㄴ 약 24시간 동안 5×5cm 정도의 다시
마 1장을 물 5컵에 불려서 만들어요.

1 다시마물에 사과물김치 국물을 붓고 녹차소금으로 간을 맞춰서 국수 국물을 만든다. 냉장고에서 숙성시킨다.

2 사과와 오이는 껍질째 어슷하게 썬다. 이때 사과에는 레몬즙을 살짝 뿌려둔다.

3 미니 파프리카는 원형으로 얇게 썰고, 삶은 메추리알과 방울토마토는 꼬치에 꽂는다.

4 오목한 냄비에 물을 넉넉히 붓고 끓인다. 물이 팔팔 끓으면 연잎국수를 넣고 충분히 삶아 그릇에 1인분씩 담는다.

5 국수에 오이채와 사과채를 적당량 올리고 국수 국물을 부은 다음 꼬치를 비스듬히 올린다.

무공해 맛내기비법 / 연잎국수 삶기 & 연잎국수에 익숙해지기

• 연잎국수는 다른 국수보다 더 오래 삶아야 한답니다. 덜 삶으면 쫀득한 맛이 없어 연잎국수의 참맛을 느낄 수가 없어요. 물이 팔팔 끓을 때 국수를 넣고, 보글보글 끓어오르면 찬물을 넣는 과정을 두세 번 반복해주세요. 다 삶아지면 흐르는 찬물에 여러 번 헹궈 미끄러운 전분기를 빼주시고요.

• 연잎국수가 없을 때는 대형 마트에서 파는 뽕잎국수, 쑥국수, 칡국수 같은 천연성분이 들어간 국수로 대체하세요. 밀가루로 만든 국수에 익숙하신 분들은 처음엔 맛이 없다 하실 거예요. 그럴 땐 과일, 채소와 함께 드시면 좋아요.

코코아 밀전병말이

고수의 한마디 구절판을 아이들 입맛에 맞춰 만들어요. 코코아가루를 넣어 밀전병을 만들고, 아이들이 먹지 않으려는 채소들에 맛의 변화를 주면 아이들의 호기심을 자극하게 될 거예요. 특히 채소를 멀리하는 아이들에겐 제대로 된 처방전이에요.

재료 준비하기 (4인분)

오이	1/2개(180g)	**맛간장**(40쪽 참조)	1/5작은술(2ml)	**소스**
표고버섯	4장(60g)	**맛기름**(42쪽 참조)	1/4컵(50ml)	맛간장(40쪽 참조) 1/2큰술(10ml), 멸치
빨강 파프리카	1/2개(100g)	**소금물**(36쪽 참조)		액젓 2큰술(30ml), 다시마물 1/2컵
노랑 파프리카	1/2개(90g)	녹차소금 약간(3g), 물 3컵(600ml))		(100ml), 생겨자 1작은술(5g)
양파	1/2개(120g)	**밀전병 반죽**		└약 24시간 동안 5×5cm 정도의 다
당근	1/3개(80g)	우리 밀 밀가루 5큰술(150g), 코코아가		시마 1장을 물 5컵에 불려서 만들어요.
유부	6장(60g)	루 1/2큰술(10g), 녹차소금 1/3작은술		
참기름	1/5작은술(2ml)	(2g), 물 1/2컵(100ml)		

1 유부와 표고버섯은 뜨거운 물에 데쳐서 찬물에 헹군 뒤에 물기를 꼭 짠다. 곱게 채썰어 맛간장, 참기름으로 밑간을 한다.

2 양파는 겉의 2~3겹을 곱게 채썰어 소금물에 살짝 절이고, 오이는 돌려 깎아 곱게 채썰어 소금물에 절이고, 당근도 곱게 채썰어 찬물에 헹군 후 소금물에 절인다. 다 절여지면 헹구지 말고 그대로 꼭 짜준다.

3 파프리카는 속살을 약간만 제거하고 가늘게 채썰어 소금물에 살짝 절인다.

4 우리 밀 밀가루, 코코아가루, 녹차소금을 한데 섞어 고운체에 내린 후 물과 섞어서 반죽한다.

5 팬에 맛기름을 살짝 두르고, 반죽을 올려 얇게 부친다.

6 분량의 재료를 섞어 소스를 만든다. 유부채, 표고버섯채, 양파채, 오이채, 당근채, 파프리카채, 전병을 소스와 함께 낸다.

무공해 맛내기비법

불 조절

코코아가루에 설탕 성분이 함유돼 있어 불 조절을 잘못하면 예쁜 밀전병을 만들 수가 없어요. 센 불로 단시간 가열해 기름 코팅을 해준 다음, 중간 불로 팬의 온도로 맞추고 나서 밀전병을 부치세요.

흑미밥 채소순대

고수의 한마디 🍚

잡곡밥을 먹지 않는 아이, 나물을 싫어하는 아이를 위한 간식으로 권장할 만한 메뉴예요. 여러 가지 채소와 잡곡밥을 충분히 먹일 수 있을뿐더러 아이들과 함께 만들면 재미가 있거든요. 소풍 때 도시락으로, 야식으로 좋아요. 간혹 아이에게 철분이 부족해 빈혈과 코피가 잦다고 생각된다면 간을 사다가 생강청을 넣고 삶은 뒤 밥과 섞어서 만들면 일석이조의 효과를 얻을 수 있어요.

갓 지은 100% 흑미밥	2공기	무짠지	200g
밥 양념		(또는 단무지 1/4조각)	
설탕 1작은술(5g), 식초 1큰술(15ml), 녹차		**당근**	1/2개(100g)
소금(36쪽 참조) 약간(1g), 통깨 약간(2g)		**설탕**	1/2작은술(2g)
건조 새송이버섯	2개분(20g)	**참기름**	약간(3ml)
라이스페이퍼	8장(20g)	**녹차소금**	약간(1g)
오이	1/2개(80g)	(36쪽 참조)	

1 흑미밥을 양념에 고루 버무린다.

2 무짠지는 곱게 채썰어서 찬물에 담가 짠맛을 뺀 후 설탕, 참기름에 버무린다.

3 당근은 채썰고, 오이는 돌려 깎아 채썰어 각각 녹차소금으로 밑간을 한다

4 건조 새송이버섯은 물에 불린 후 곱게 채썰어서 설탕, 참기름에 버무린다.

5 라이스페이퍼를 미지근한 물에 담가 불린다. 불린 라이스페이퍼에 흑미밥을 펴 넣고 무짠지채, 오이채, 당근채, 새송이버섯채를 적당량 올린 뒤 돌돌 만다.

건강톡톡!

흑미는 암세포 성장을 억제시키는데 유리한 작용을 하는 효능이 있어요. 면역력을 길러주고 질병예방, 노화방지, 피부미용 등에 효능이 있는데 특히 흰머리가 많이 나는 사람은 장기간 흑미를 복용하면 백발예방과 치료에 효과적이라고 하네요.

무공해 11
맛내기비법

라이스페이퍼

순대를 꺼리는 이유가 선지와 내용물을 감싸고 있는 창자 때문이죠? 하지만 사찰식 순대는 전혀 그런 성분이 들어가지 않아요. 흑미밥으로 색깔을 내고, 라이스페이퍼로 내용물을 감싸 씹는 맛이 아주 담백하고 깔끔하답니다.

바나나소스 찹쌀새알심

이 바나나 찹쌀새알심은 식이섬유가 풍부해 편안한 포만감을 느끼게 해줘요. 바쁘고 입맛 없는 아침에도 좋아요.

찹쌀가루	1/2컵(100g)
뜨거운 물	6큰술(90ml)
녹차소금	1/2작은술(3g)
(36쪽 참조)	

바나나소스
우유 2컵(400ml), 설탕 1큰술(15g), 바나나 2개(400g), 검정깨 1/2큰술(10g), 녹차소금(36쪽 참조) 1/2작은술(3g), 레몬즙 1작은술(5ml)

1 찹쌀가루는 뜨거운 물을 부어가면서 약간 되직하게 익반죽한다. 녹차소금으로 간을 맞춘다.

가운데를 살짝 눌러 예쁘게 만들어요.

2 반죽을 조금씩 떼어서 작은 경단으로 만든다.

3 검정깨를 뺀 나머지 소스 재료들을 믹서로 갈은 뒤에 검정깨를 섞어 소스를 완성한다.

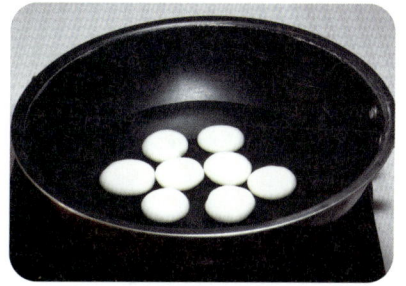

4 경단을 뜨거운 물에 살짝 삶은 뒤 찬물에 헹군다. 물기를 뺀 뒤 그릇에 담고 소스를 붓는다.

무공해 맛내기비법

바나나소스

바나나소스는 먹기 전에 갈아주세요. 너무 일찍 갈아두면 색깔이 변하고 점성이 생기고 단맛이 강해지거든요. 검정깨는 마지막에 넣어야 소스가 검정색으로 변하는 것을 막을 수 있어요.

감자 팬케이크

고수의 한마디

감자에 들어 있는 탄수화물은 소화가 잘되기로 유명해요. 감자에는 불소화물도 들어 있는데 대장 내 미생물 발육을 도와 변비를 치료하고 소화에도 도움을 주는 거예요. 한 가지 더! 감자의 단백질은 밥이나 빵의 그것보다 양질이에요. 여기에 동물성 식품을 보충해 먹고 매일 운동을 하면 스트레스성 소화불량과 빈혈이 방지된답니다.

재료 **준비하기** (4 인 분)

감자	4개(400g)	모차렐라치즈	2컵(400g)
달걀	2개(120g)	녹차소금	1/2큰술(8g)
양파	2개(240g)	(36쪽 참조)	
미니 파프리카	2개(80g)	맛기름	1/2컵(100ml)
완두콩	1/2컵(120g)	(42쪽 참조)	

1 감자는 곱게 채썰어 찬물에 여러 번 헹궈 전분기를 없앤 뒤에 물기를 뺀다.

2 양파는 곱게 채썰어 찬물에 헹궈 매운맛을 뺀 후 맛기름을 둘러 살짝 볶는다.

3 미니 파프리카는 송송 썬다.

4 채썬 감자와 볶은 양파, 달걀, 녹차소금을 고루 섞어 감자반죽을 만든다.

5 달궈진 팬에 맛기름을 두르고 감자반죽을 고루 펴가며 올린 뒤에 송송 썬 미니 파프리카, 완두콩을 고루 흩뿌린다.

6 뚜껑을 열고 약한 불에서 뭉근히 굽다가 모차렐라치즈를 고루뿌린다. 뚜껑을 덮어 모차렐라치즈가 녹을 때까지 약한 불로 굽는다.

무공해 맛내기비법

양파 볶기

양파를 볶으면 단맛은 증가하면서 매운맛은 사라지게 됩니다. 이는 아이들 입맛에 맞는 부드러움을 주기 위한 방법이랍니다.

도토리피자

고수의 한마디

도토리에는 장을 튼튼히 하고, 마른 사람을 살찌게 하며, 설사를 다스리는 효능이 있답니다. 아이들에게 변비보다 더 무서운 것이 설사잖아요. 또한 입 안이 잘 헐고, 잇몸에서 피가 자주 나는 경우, 목구멍이 아프고 침을 삼킬 때 거북한 경우, 감기를 자주 앓는 사람에게도 도토리가 제 몫을 톡톡히 해요. 약으로도 다스리기 어려운 증상들, 이 도토리피자로 잡으세요.

도우 반죽
도토리가루 1큰술(20g), 우리 밀 밀가루 1
컵(200g), 검정깨 1큰술(15g), 녹차소금(36
쪽 참조) 1작은술(5g), 물 8큰술(120ml)

모차렐라치즈　　　　2컵(400g)
청피망　　　　　　　1개(150g)

미니 파프리카　　　　2개(80g)
방울토마토　　　　　8개(200g)
자연식 토마토케첩　1/2컵(100g)
(60쪽 참조)
맛기름　　　　　　　1/2컵(100ml)
(42쪽 참조)

> 물의 양은 밀가루에
> 따라 조정하되, 숙성되는
> 동안 반죽이 질어질 수 있으니
> 약간 되직하게 반죽하세요.

1 도토리가루와 밀가루, 녹차소금
을 한데 섞어 고운체에 쳐준 후
물 8큰술과 검정깨를 섞어 반죽
해 12시간 정도 숙성시킨다.

2 청피망, 미니 파프리카, 방울토
마토는 먹기 좋은 크기로 썰어
준다.

3 반죽을 달걀의 반 정도 되는 크
기로 떼어내 손으로 둥글고 넓
적하게 펴준 후 달궈진 팬에 맛
기름을 두르고 굽는다.

4 앞뒤로 고루 구워진 도우의 한
면에 토마토케첩을 고루 바른
다.

5 청피망, 미니 파프리카, 방울토
마토, 모차렐라치즈를 도우에
올리고 뚜껑을 덮어 치즈가 녹
을 때까지 약한 불로 뭉근히 굽
는다.

무공해
맛내기비법

검정깨

반죽에 검정깨를 넣는 것이 아주 중요한 비법이에요. 검정깨는 날치알을 씹는것처럼 톡톡 튀
는 식감도 주지만 아주 고소한 맛을 내기도 하거든요.

흑미찹쌀케이크

안토시아닌이 많이 들어 있는 흑미와 비타민이 많이 들어 있는 과일을 섞어서 건강 떡케이크를 만들어보
세요. 평소 떡을 싫어하던 아이도 꿀떡꿀떡 잘 먹을 거예요.

찹쌀가루	2컵(300g)	**설탕**	2큰술(30g)
우리 밀 밀가루	1/2컵(50g)	**녹차소금**	1/2작은술(3g)
흑미가루	1큰술(15g)	(36쪽 참조)	
베이킹파우더	1작은술(5g)	**건조 열대과일**	1/2줌(100g)
우유	1컵(200ml)	**녹차기름**	2큰술(30ml)
건포도	2컵(200g)	(44쪽 참조)	

1 찹쌀가루, 우리 밀 밀가루, 흑미 가루, 녹차소금, 베이킹파우더, 설탕을 한데 넣고 고루 섞은 뒤 에 고운체에 한 번 내린다.

2 건조 열대과일을 잘게 썰어준 다.

3 고운체에 내린 가루에 건포도, 건조 열대과일을 넣고 골고루 섞은 뒤 우유를 부어 되직하게 반죽한다.

4 케이크 틀에 녹차기름을 살짝 두르고 반죽을 붓는다. 케이크 틀을 골고루 쳐서 반죽 속 공기 를 뺀 뒤에 180도로 예열된 오 븐에서 30분 정도 굽는다.

5 이쑤시개로 찔러보아 쌀가루가 붙지 않으면 한 김 뺀 다음에 틀을 뒤집어서 꺼낸다.

무공해 맛내기비법

반죽할 때 물의 양

케이크, 머핀, 빵, 떡을 만들 때 요리책에 있는 레시피와 동일하게 물을 맞추면 70%는 실패해 요. 가루 제품은 제각각 건조 상태가 다르기 때문이죠. 반죽을 할 때는 상태를 봐가며 반죽을 하세요. 만일 숙성과정을 거쳐야 한다면 숙성 후에 약간 질어지는 것을 감안하고 되직하게 반 죽하시는 것이 좋아요.

흑두부청국장 샐러드

고수의 한마디 영양학적으로 아이에게 꼭 먹여야 하는 식품은 청국장과 두부예요. 다량의 비타민 E(토코페롤)가 몸속 지방의 산화를 막아 성장기 아이들의 키를 크게 하고 몸을 튼튼하게 만들어주거든요. 냄새와 끈적임을 줄이는 조리법으로 맛있는 두부와 청국장을 주세요.

재료 **준비하기**(4인분)

흑두부	1모(400g)	녹차소금	약간

ㄴ 집에서 두부 만드는 방법은 221쪽에
자세히 있어요.

(36쪽 참조)

양념장

청국장	5큰술(100g)
오이	1/2개(100g)
미니 파프리카	2개(80g)
깻잎	10장(20g)

생강청(48쪽 참조) 1큰술(15ml), 다진 대
파(흰 부분) 1큰술(20g), 참기름 1/2큰술
(8ml), 통깨 1큰술(15g), 녹차소금(36쪽
참조) 1작은술(5g)

> 포크로
> 눌러가며
> 다지면 편해요.

1 흑두부는 흐르는 물에 씻은 다
음 물기를 꼭 짠다. 녹차소금을
약간 넣고 곱게 다진다.

2 청국장은 분량의 재료들을 섞
어 만든 양념장에 버무려 잡냄
새를 없앤다.

3 오이와 파프리카는 작은 사각
형 모양으로 송송 썬다.

4 깻잎은 곱게 채썬 뒤 찬물에 헹
궈 물기를 뺀다. 접시에 깻잎채
를 고루 깔아준다.

5 청국장과 흑두부, 오이, 파프
리카를 섞어 녹차소금으로 간
을 하고 둥근 모양틀에 넣어
모양을 잡은 뒤에 깻잎채 위에
올린다.

무공해
맛내기비법

청국장 냄새

엄밀히 말해서 청국장 냄새를 없애는 방법은 없어요. 그 냄새는 어떻게 발효시켰느냐에 따라
달라지거든요. 하지만 찌개나 음식에 이용할 때 생강청이나 청주를 넣으면 입에서 나는 냄새
는 약간은 줄일 수 있어요. 또 찌개를 끓일 때 김치를 많이 넣어도 냄새를 약간은 줄일 수 있
답니다. 요즘엔 냄새 안 나는 청국장도 나오니까 그것을 선택하는 방법도 좋아요.

잔멸치토마토 샐러드

고수의 한마디

잔멸치는 실치라고도 하고, 뱅어라고도 해요. 크기는 작지만 아이들 키를 크게 하는 데 1등 공신이랍니다. 칼슘 함량이 우유의 10배거든요. 여기에다 잔멸치의 칼슘은 고밀도로 농축되어 있어 뼈의 두께까지 늘려준다니, 아이의 성장 필수품이라 해도 손색없겠죠? 토마토와 함께 주면 멸치를 먹지 않는 아이들도 잘 먹을 거예요.

토마토	4개(800g)	**소스**
잔멸치	1컵(100g)	
양파	1/2개(100g)	

소스
맛기름(42쪽 참조) 4큰술(60ml), 토마토 식초(56쪽 참조) 5큰술(75ml), 생강청(48쪽 참조) 2큰술(30ml), 설탕 1/2큰술(7g), 녹차소금(36쪽 참조) 약간(1g), 통깨 1/2 작은술(3g), 파슬리가루 약간(1g)

1 토마토는 6~8등분을 한다.

2 양파는 가늘게 채썰고, 잔멸치는 마른 팬에 살짝 볶아 바삭하게 만든다.

3 분량의 재료를 섞어서 소스를 만든다.

4 접시에 토마토를 담고 양파채를 올리고 볶은 멸치를 올린 뒤 소스를 고루 뿌린다.

무공해 맛내기비법

멸치 볶기

멸치는 뜨겁게 달군 팬에 기름을 두르지 않고 바삭해질 때까지 볶아야 샐러드를 만들었을 때 비린 맛이 나지 않아요.

구운달걀과 토마토풋고추주스

**고수의
한마디**

토마토와 달걀이 어울리지 않는다고요? 그렇지 않아요. 중국, 일본, 프랑스에서는 달걀과 토마토로 만든 다양한 요리를 선보이고 있답니다. 더욱이 두뇌활동을 많이 하는 아이들에게는 비타민이 다량 함유되어 있는 토마토와 풋고추, 단백질이 풍부한 달걀의 조합이 상당히 많은 도움을 줘요.

달걀	8개(480g)	**풋고추 또는 오이고추**	
녹차소금	1큰술(15g)	**(아삭이고추)**	8개 (210g)
(36쪽 참조)		**꿀**	2큰술(30g)
방울토마토	16개(350g)	**물**	4컵 (800ml)

슬로우쿠커가 있다면
바닥에 물에 적신 키친타월을
깔고 24시간 구우세요.

1 달걀은 껍데기를 물행주로 깨끗이 닦는다.

2 바닥이 두꺼운 내열냄비의 안쪽에 알루미늄포일을 깔고 그 위에 녹차소금을 넣은 후 달걀을 넣고 2시간 정도 굽는다. 냄비째 오븐에 넣어서 100~120도에서 3시간 정도 더 굽는다.

3 방울토마토는 꼭지를 제거하고, 풋고추는 먹기 좋은 크기로 썬 뒤에 물 4컵과 꿀과 함께 믹서에 넣고 갈아서 구운 달걀과 함께 먹는다.

무공해
맛내기비법

구운 달걀

• '삶은 계란도 있는데 굳이 달걀을 구워?' 하며 '차라리 찜질방에서 사먹고 말지' 하시겠지만 영양학적으로 삶은 달걀보다 구운 달걀이 뛰어나요. 달걀을 삶으면 수용성 단백질이 물에 녹을 수 있는데, 구운 달걀은 고온의 복사열로 익혀지기 때문에 수용성 단백질이 파괴될 일이 없거든요. 또한 소화가 더 잘 되어 먹고 난 다음에 노른자의 비린 맛이 트림으로 올라오는 일이 없어 밤늦게 간식으로 먹어도 부담이 없답니다.

• 토마토풋고추주스는 먹기 직전에 갈아서 마셔야 신선한 맛을 지킬 수 있어요

푸른사과 주스

고수의
한마디

푸룬, 즉 말린 자두는 비타민 A, 칼슘, 철분 성분이 더욱 농축되어 생자두보다 3~4배 풍부한 영양분을 함유하고 있어요. 이것이 푸룬이 최고의 건강식에 선정될 수 있었던 이유랍니다. 푸룬과 사과로 만든 주 스는 변비를 해결할 뿐만 아니라 항산화 성분이 풍부해 노화와 병을 예방하는 데 효과적이에요.

푸룬주스	2컵(400ml)
사과	1/2개(150g)
광천수	2컵(400ml)

1 사과는 먹기 좋은 크기로 썬다.

2 광천수와 푸룬주스를 한데 섞어 믹서에 넣고, 사과도 넣어 곱게 갈아준다.

건강톡톡!

말린 자두는 식이 섬유가 풍부하게 함유되어 있어 장운동을 활성화시켜주고 철분이 풍부해 빈혈예방에도 좋아요. 고혈압 예방에 좋은 칼륨과 피부건강에 좋은 칼로틴도 풍부하게 함유되어 있답니다.

보너스 레시피

집에서 두부 만들기

❶ 깨끗이 씻은 콩 50g을 약 24시간 정도 물에 담가 불립니다.

❷ 콩 불린 물 3컵 정도와 불린 콩을 맷돌이나 믹서에 넣고 갈아요.

❸ 같은 콩을 면보자기에 밭쳐서 콩물(두유)만 빼냅니다.

❹ 콩물을 70~80℃ 정도로 끓입니다. 이때 넘치지 않도록 나무주걱으로 휘저으면서 30분 정도 끓여요. (냄비는 바닥이 3중 바닥 정도로 두꺼운 것이 냄비가 좋아요.)

❺ 콩물이 끓으면 가열을 멈추고 응고제인 간수를 1큰술 넣어 숟가락으로 저어줍니다. 이때 표면에서 서서히 작은 덩어리들이 형성되는데, 바로 순두부예요.

❻ 두부가 단단해지면 구멍이 뚫린 네모난 나무 틀 안에 천을 깔고 갓 엉긴 순두부를 넣은 다음 천으로 싸요. 나무 뚜껑을 덮고 무거운 돌을 얹어 물을 뺍니다.

❼ 이것을 시원한 물에 넣어서 간수의 쓴맛을 제거하면 집에서 두부 만들기 완성!

딸기구기자주스

고수의 한마디
🗣️

구기자의 가장 큰 장점은 시력을 좋게 하는 거예요. 하지만 아이들에게 구기자를 먹이기란 하늘의 별을 따는 것만큼 힘든 일이죠. 그래서 딸기와 함께 주스로 만들었어요. 딸기의 달콤함에 젖어서 구기자가 있을 거란 생각을 아예 안 한답니다. 자녀의 눈 건강, 딸기구기자주스로 지키세요.

딸기청	컵(300g)
구기자	1큰술(10g)
따뜻한 물	2컵(400ml)
꿀	1작은술(5ml)

1 구기자는 흐르는 물에 깨끗이 세척
한 뒤에 따뜻한 물에 불린다.

2 딸기청과 구기자 우린 물, 꿀을 믹
서에 넣고 곱게 갈아준다.

보너스 레시피

딸기청 만들기

싱싱한 딸기를 1년 내내 구할 수 있다면 얼마나 좋을까요? 하지만 그건 현실적으로 불가능한 얘기죠. 하지만 1
년 내내 딸기를 먹을 수 있는 방법이 있답니다. 바로 딸기청을 만드는 거예요. 따뜻한 물에 녹여 차처럼 마시거
나 과일 화채에 이용해도 좋아요. 또한 비타민과 미네랄이 풍부해 춘곤증이 심한 봄철에 안성맞춤이랍니다.
딸기청에는 설탕이 다량 들어 있으니 주스를 만들 때는 꿀을 너무 많이 넣지 마세요.

| **재료 : 딸기 250g, 설탕 2컵, 레몬즙 2개분, 녹차소금 약간** |

❶ 딸기는 천일염을 녹인 물에 15분 정도 담갔다가 헹군 뒤에 2등분을 한다.
❷ 레몬은 껍질을 벗기기 전에 천일염으로 문질러 농약을 제거한 후 껍질은 곱게 채썰고 레몬 살은 즙을 낸다.
❸ 딸기를 설탕, 레몬즙에 하루 정도 재운 뒤에 병에 담고 채썬 레몬 껍질을 넣고 밀봉한다.

고구마 핫밀크

고구마와 우유는 천생연분인 듯 잘 어울려요. 이 둘을 섞으면 맛이 일품이고 영양도 꽤 좋거든요. 영양학자들은 수분 함량이 비교적 적은 고구마를 먹을 때는 우유와 함께 먹으라고 권해요. 단맛이 증가될 뿐만 아니라, 우유에 들어 있는 풍부한 단백질과 지방 성분이 고구마에 부족한 부분을 채워주기 때문이랍니다.

재료 **준비하기**(4인분)

토마토	큰 것 7개(1kg)	**매실청**	1컵(200ml)
황설탕	1.5컵 (300g)	**레몬즙**	2큰술(30ml)
다시마물	1컵(200ml)		

1 고구마는 찜솥에서 찐 뒤에 뜨거울 때 으깨 체에 내린다.

2 호박씨는 살짝 볶아서 다진다.

3 냄비에 우유를 붓고 계피가루를 섞은 뒤 으깬 고구마를 조금씩 넣으면서 약한 불로 보글보글 끓인다.

4 컵에 고구마 핫 밀크를 붓고, 컵 둘레에 꿀을 바르고 으깬 호박씨를 묻힌다.

무공해
맛내기비법

밤고구마 & 우유 데우기 & 호박씨 다지기

• 호박고구마나 물고구마는 너무 단맛이 많이 나니 밤고구마를 사용하세요.

• 우유는 따뜻하게만 데워주세요. 너무 뜨거우면 우유의 영양소가 파괴된답니다.

• 볶은 호박씨는 아주 곱게 다지면 고소한 맛을 내고, 굵게 다지면 씹는 맛을 느낄 수 있어요.

캐슈넛
바나나
우유

**고수의
한마디** | 캐슈넛은 씹을 때 퍽퍽하
지 않으면서 담백해요. 맛있는 캐슈
넛에 우유 혹은 산양유를 섞으면 고
소한 우유가 된답니다. 산양유는 단
백질과 지방의 구조와 조성이 모유와
유사해 알레르기 염려가 적을 뿐만
아니라 천연 성장인자가 함유돼 있어
성장을 돕지요.

재료 **준비하기**(4인분)

바나나	2개(350g)
산양유(또는 우유)	3컵(600ml)
캐슈넛	1/2컵(50g)

1 바나나를 먹기 좋은 크기로 썰
어서 캐슈넛, 우유와 함께 믹서
에 넣고 갈면 완성.

**무공해
맛내기비법** 🍴 **잘 익은 바나나**

바나나는 검은 반점이 생길 정도로 잘 익은
것을 사용하세요. 그래야 맛있게 단맛이 난
답니다. 주스는 먹기 직전에 갈아야 색이 변
하지 않아요.

딸기 우유

고수의 한마디 광천수는 '천연 샘'이라고 불려요. 그 말을 증명이라도 하듯 광천수에는 다량의 탄산칼슘, 황산마그네슘, 칼륨, 황산나트륨 등 자연에서 나온 천연물이 그대로 들어 있어 소화를 돕고, 피부 건강에도 좋아요. 좀 비싸긴 하지만, 대형 마트나 백화점에 가면 구입할 수 있어요.

재료 준비하기 (4인분)

딸기	20개(250g)
광천수	3컵(600ml)
산양유(또는 우유)	1컵(200ml)
녹차소금	약간
(36쪽 참조)	

무공해 맛내기비법　　　**딸기와 소금**

딸기를 녹차소금물로 헹구는 이유는 눈에 보이지 않는 잔류농약 등의 불순물을 제거하기 위해서랍니다. 녹차소금이 없을 경우에는 굵은 소금을 물에 타서 그 물로 헹궈주세요. 딸기는 소금을 만나면 더 맛있어지고 더 싱싱해진답니다.

1 딸기는 녹차소금물로 여러 번 헹군 뒤 꼭지를 떼낸다. 믹서에 산양유, 광천수, 딸기를 넣고 곱게 간다.

토마토 잼

고수의 한마디 잼 하면 다량의 설탕이 생각나요. 하지만 토마토는 설탕과 상극이라 잼으로 만들 수가 없었죠. 그런데 토마토의 영양을 살리면서 맛난 잼을 만드는 방법을 알아냈답니다. 제가 알려드리는 방법대로 만들면 보관기간도 늘어나고, 맛도 훨씬 부드러워요. 호밀빵 등 견과류 빵, 떡과 먹으면 더욱 맛있어요.

토마토	큰 것 7개(1kg)	다시마물	1컵(200ml)
황설탕	1.5컵 (300g)		
매실청	1컵(200ml)		
레몬즙	2큰술(30ml)		

ㄴ. 약 24시간 동안 5×5cm 정도의 다시마 1장을 물 5컵에 불려서 만들어요.

1 토마토는 끝부분에 칼로 열십자를 작게 긋고 끓는 물에 살짝 데쳐 껍질을 제거한 후 곱게 다진다.

2 냄비에 다진 토마토, 황설탕, 다시마물을 넣고 30분 정도 중간 불로 끓인다.

3 매실청을 넣고 약한 불로 한소끔 끓인 뒤 레몬즙을 넣고 뭉근히 끓이다가 불을 끈다.

무공해 맛내기비법

매실청 만드는 법

보통 잼에는 설탕의 양이 60%에요. 그런데 백설탕 대신 황설탕을 전체 양의 20%만 넣고 매실청으로 단맛을 보강하면 영양 손실이 걱정 없는 잼을 맛볼 수 있답니다. 보관기간이 늘어나는 것도 큰 장점이에요.

04

궁중의 왕자와 공주들이 먹었다!

두뇌발달 & 체력유지
특별한 궁중간식

엄마들이 아이의 요리에 특별히 신경 쓰는 데는
체력 강한 아이로 키우고자 하는 마음도 있지만,
더욱 공부 잘하는 아이가 되었으면 하는 바람도
있어요. 그런 엄마들의 마음을 담아서 옛날 궁중
에서 왕자와 공주들에게 주던 두뇌 발달용 간식
들을 소개합니다. 맛있고 영양 가득한 것들만 골
랐답니다.

왕자와 공주의 음식,
우리 아이가
못 먹으란 법 없지

옛날 궁중에서는 왕자와 공주들에게 두뇌 발달에 좋은 음식, 건강한 체력을 유지할 수 있는 음식을 주어 안팎으로 튼튼하게 키우려 최선을 다했다.

그 예로 두뇌를 총명하게 하기 위해 검정콩을 비롯한 콩류와 검정깨 등으로 음식과 간식을 준비했다는 이야기, 건강한 체력을 위해 뱀장어탕이나 오골계탕 등 고스태미나식을 주고 국화차, 인삼차, 구기자차를 자주 마시게 해 혈액의 흐름을 원활하게 해주었다는 이야기들이 전해지고 있다.

아침에 일어나는 새벽 시간에는 왕자에게 조청을 1작은술씩 먹였다는 이야기도 전해지고 있는데, 이는 모두 왕이 되는 데 필요한 엄청난 학습량을 감당케 한다는 의도가 숨어 있다고 한다.

요즘 우리 아이들의 학습량도 다르지 않다. 놀이 위주라고는 하지만 어려서부터 공부를 시작해 대학 들어가기 전까지 학습량은 기하급수적으로 늘어난다. 그러다 보니 몸과 마음이 지쳐서 성장하기도 버거워 하는 경우가 많다.

그런 아이들을 보며 안타까워만 하지 말고 좋은 음식으로 아이의 몸과 마음을 위로해주자. 궁중의 왕자, 공주들이 먹었던 간식을 요즘 아이들의 입맛에 맞게 바꾼 레시피이니만큼 아이의 성장에 조금이라도 보탬이 될 것이다.

궁중요리의 특징
- 평소 즐기는 한식에 비해 맵고 짠 자극적인 맛이 덜하다.
- 맛이 순하고 담백해 성장기 어린이들의 입맛을 잡는 데 효과적이다.
- 두뇌를 총명하게 하기 위해 콩류와 검정깨 등으로 음식과 간식을 준비했다.
- 건강한 체력을 유지하게 하기 위해 고스태미나식을 주었다.
- 국화차, 인삼차, 구기자차를 자주 마시게 해 혈액의 흐름을 원활하게 해주었다.

밤초

한 입에 쏙 들어가는 밤초는 밤과 잣의 영양을 그대로 섭취할 수 있는 간식이에요. 성장기 아이들의 신체
발육에 좋아 왕자들의 이유식 등으로 많이 이용했다고 해요.

깐 밤	16개(230g)	**물**	1/2컵(100ml)
꿀	1/2컵(100ml)	**물엿**	1큰술(15ml)
잣가루	1/2컵(130g)		

└. 잣을 한지나 키친타월에 올려서 기름
기를 제거하며 곱게 다져요.

1 깐 밤은 물엿, 물과 함께 오목한 냄비에 넣고 투명해질 때까지 약한 불로 뭉근히 조린다.

2 밤이 다 조려지면 넓적한 접시에 펼쳐놓고 약 1시간 정도 서늘한 곳에서 말린다.

3 밤에 잣가루를 골고루 묻힌다.

 건강톡톡!

잣은 지방, 단백질이 풍부한 고열량 식품으로 예부터 불로장생의 먹을거리, 신선의 식품으로 여겨지며 널리 사랑 받아왔어요. 밤에는 양질의 단백질과 탄수화물이 많이 들어 있는데, 근력을 키우고 근육을 생성하는 데 도움을 줍니다.

무공해
맛내기비법

밤 조리고 말리기

깐 밤을 물엿과 설탕을 넣고 조리는 과정이 제일 중요해요. 잘못 조리면 밤이 갈색으로 하고 엿처럼 되어버린답니다. 그러니 아주 약한 불로 뭉근히 조려서 예쁜 색을 만드세요. 조린 밤을 말릴 때는 서늘한 곳에서 말려야 윤기 있게 말라요.

대추 경단

고수의
한마디

공부를 하다 보면 스트레스가 끝이 없어요. 그래서 자신도 모르게 짜증이 늘어나잖아요. 그럴 때 아이들을 혼내지만 말고 대추가 가지고 있는 신경완화 작용으로 긴장을 풀어주고 흥분을 가라앉혀주세요.

대추	15알(200g)	**경단**
검정깨	2큰술(30g)	찹쌀가루 2컵(300g) 꿀 3큰술(45ml), 녹차소금(??쪽 참조) 약간(1g), 뜨거운 물 1/2컵(100ml)

1 대추는 주름 사이사이를 가느 다란 솔로 문질러가며 씻은 뒤 에 곱게 다진다.

2 다진 대추와 검정깨를 섞어서 경단 옷을 만든다.

3 찹쌀가루에 꿀, 녹차소금을 섞 고 뜨거운 물을 부어서 익반죽 한 후 조금씩 떼어 완자를 만 든다.

4 오목한 냄비에 물을 넉넉히 붓 고 끓인다. 팔팔 끓으면 완자 를 넣는다. 완자가 떠오르면 건진다.

5 경단이 뜨거울 때 다진 대추와 검정깨를 고루 묻힌다.

건강톡톡!

대추는 피로회복과 감기예방에 좋아 요. 소화기능이 약하거나 밤에 숙면을 취하지 못할 경우 대추차를 마시면 효 과적이랍니다. 호흡기를 강화시켜 코 감기를 예방하고 혈액순환을 도와 몸 을 따뜻하게 해 준답니다.

무공해 ❶ 맛내기비법

경단 반죽 시 물의 양 & 대추 다지기

• 찹쌀가루는 만든 날짜에 따라 수분 함유 정도가 다 달라요. 그러니 경단을 만들 때는 레시 피대로 물을 맞추기보다는 계량수저로 한 수저 한 수저씩 물을 넣으며 맞추세요.

• 대추는 끈적여서 잘게 다지기가 힘이 드는데, 칼에 레몬즙을 발라서 다지면 끈적임을 방지 할 수 있어요.

배숙

고수의 한마디

배는 약효가 있는 과일이에요. 알칼리성 식품으로서 근육통, 두통, 기침, 백일해에 좋고 감기를 치료하고 체력을 보강하는 데도 도움이 되죠. 한 가지 더! 배에 많이 들어 있는 붕소(B)란 성분은 두뇌 발달에 크게 도움을 주어 학습을 시작한 어린이와 학습량이 많은 수험생에게 아주 좋아요. 배숙을 아삭아삭하게 만들어주세요.

재료 **준비하기** (4 인 분)

배	1개(700g)	설탕	4큰술(80g)
레몬	4조각(50g)	물	1컵(200g)
슬라이스		계피	1조각(5g)
생강청	2컵(400g)	시럽	
(48쪽 참조)		설탕 1/2컵(100g), 물 1/2컵(100ml)	

껍질을 조금씩 남기면 멋스러워요.

1 배는 12등분을 한 뒤 모양을 내면서 껍질을 벗긴다.

2 설탕과 물을 섞어 약한 불로 뭉근히 끓여 시럽을 만든다.

3 냄비에 배, 시럽, 레몬을 제외한 모든 재료를 넣고 센 불로 끓여 1차 조림물을 만든 뒤 체로 건더기를 건져내고 다시 끓인다.

4 조림물이 끓어오르면 배를 넣고 약한 불로 20~30분 정도 끓인다. 배가 투명해지면 시럽을 넣고 섞은 후 불을 끈다.

5 배가 식으면 레몬 슬라이스, 조림물과 함께 그릇에 담는다.

무공해
맛내기비법

배와 조림물

배를 조림물에 오래 담가두지 마세요. 시럽을 넣은 조림물이라 배가 많이 물러져 되레 맛이 없어요.

흑임자 곶감말이

고수의 한마디 🍚

궁중에선 흑임자, 즉 검정깨를 불로장생 식품으로 여겨 왕은 물론 왕자와 공주에게도 많이 먹였다고 해요. 허약한 신체와 오장을 보강하고 기력을 북돋울 뿐만 아니라 머리를 좋아지게 한다니 자녀들에게 많이 만들어주세요.

재료 준비하기 (4인분)

곶감	4개(150g)
찐 검정깨	2큰술(30g)
└ 찌는 방법은 하단 팁을 참조하세요.	
잣	1작은술(5g)

꼭지 부분의 두꺼운 살은 살짝 제거해주세요.

1 곶감은 씨를 제거한 뒤에 넓게 펼친다.

2 넓게 펼쳐진 곶감의 안쪽에 검정깨를 고루 뿌린 뒤 곶감을 돌돌 만다.

3 돌돌 말린 곶감을 한 입 크기로 썰고 잣을 가운데에 끼운다.

🌿 건강톡톡!

곶감은 비타민A와 C가 사과의 10배나 풍부하고 타닌 성분으로 설사를 멎게 해주는 효과가 있어요. 한방에서는 곶감 표면에 생기는 하얀 가루를 기침이 많거나, 가래가 끓을 때, 폐가 답답할 때, 만성기관지염 치료에 쓴답니다.

보너스 레시피

검정깨 찌기

검정깨를 볶아서 사용하면 우리 몸에 좋은 불포화지방산이 열에 의해 트랜스지방으로 변환되어 오히려 몸에 나쁜 영향을 끼쳐요. 그러니 김이 오른 찜솥에 넣고 찌기를 3번 반복하세요. 찐 다음에는 충분히 말려주시고요. 이렇게 찌면 검정깨의 영양을 그대로 섭취할 수 있어요.

생강계피맛 집청과 인절미구이

고수의 한마디

집청은 조청(造淸 묽게 곤 엿)의 경상도 사투리랍니다. 주로 떡이나 약과를 만들 때 많이 사용해요. 설탕이나 물엿보다 훨씬 건강하게 단맛을 낼 수 있어서 강력히 추천하고 싶은 전통식품이에요. 계피와 생강향이 좋은 생강계피맛 집청은 구운 인절미와 궁합이 아주 좋아요.

인절미   20조각(400g)
생강계피맛 집청
생강 100g, 계피 15cm(70g), 꿀 10큰술
(200g), 흑설탕 2컵(400g), 청주 2컵(400ml)

1 생강은 편으로 썰고, 계피는 적당하게 토막을 낸다.

2 냄비에 집청의 모든 재료를 넣고 20분 정도 중간 불로 끓인다. 이때 절대 젓지 말 것.

3 국물이 1/3로 졸아들면 체로 걸러서 건더기를 건져내 집청을 완성한다.

4 인절미를 기름 없이 살짝 구워 생강계피맛 집청에 찍어 먹는다.

무공해
맛내기비법

집청

생강계피맛 집청을 더욱 맛있게 먹으려면 생강과 계피를 건져내지 말고 그대로 주는 것이 좋아요. 생강과 계피를 잘게 썰어서 떡이나 빵에 발라 먹으면 훌륭한 영양 잼이 된답니다. 먹다 남은 집청은 계피를 넣어 보관하세요.

선식과자

고수의
한마디

생식은 곡식이나 채소를 자연 상태 그대로 섭취하는 것을 말하고, 선식은 열에 가해 섭취하는 것을 말해
요. 미숫가루가 바로 선식이랍니다. 선식은 소화 흡수가 잘되는 반면 영양소가 많이 파괴되고, 생식은 중
요 영양소를 그대로 섭취할 수 있지만 위에 부담을 주는 단점이 있습니다. 이 과자는 선식으로 만들었어
요. 아이의 체질을 잘 안다면 생식가루로 만들어도 좋겠죠?

선식(또는 생식)	1컵(100g)
산양유(또는 우유)	8큰술(120ml)
꿀	2큰술(40g)
잣	작은술(10g)
대추	3개(20g)

1 선식에 우유와 꿀을 넣고 고루 섞는다.

2 선식 반죽으로 한 입 크기로 완자를 빚는다.

3 대추는 채를 썰고, 잣은 고갈을 뗀 뒤에 완자에 올린다.

🌿 **건강톡톡!**

산양유를 먹으면 좋은 점
산양유는 우유보다 더 부드러워 소화흡수가 빠르고 잦은 설사 등 장내 흡수력이 떨어져 성장발육이 안되는 경우에도 도움이 될 수 있어요. 우유와 효능은 비슷하나 좀 더 따뜻한 성질을 가지고 있어 비위기능이 차고 허약한 아이들에게 효과가 있어요.

무공해 🍴 맛내기비법

선식

우유나 산양유에 선식을 조금씩 늘려가면서 음료수처럼 매일 먹여보세요. 아이의 살이 단단해져요.

대추죽

대추죽은 감기로 입맛을 잃었거나 기운을 못 차릴 때 보양죽으로 좋아요. 또 소화기능이 허약해 음식 섭취량이 적고 설사가 잦은 아이들에게도 권장할 만한 메뉴랍니다.

대추	15개200g)	물	7컵(1400ml)
잣	1/4컵(30g)	녹차소금	1작은술(5g)
찹쌀가루	1/2컵(100g)	(36쪽 참조)	

1 대추는 주름 틈새까지 고루 씻은 후 물 7컵을 붓고 푹 삶는다. 대추 삶은 물이 5컵 정도가 되면 불을 끈다.

2 삶은 대추, 잣, 대추 삶은 물 1컵을 믹서에 넣고 곱게 갈아준다.

3 찹쌀가루를 대추 삶은 물 4컵에 고루 섞어 풀어준 뒤 나무주걱으로 저으며 약한 불로 뭉근히 끓인다.

4 찹쌀가루죽이 보글보글 끓기 시작하면 ②를 넣고 한 번 더 끓인다. 녹차소금으로 간을 맞춘다.

무공해 ❶ 맛내기비법

죽 끓이기

- 죽을 끓일 때에는 스테인리스 냄비나 내열냄비가 좋고, 나무주걱으로 저으면서 끓이세요. 그래야 죽이 쉽게 눌어붙지 않을 뿐만 아니라 대추의 비타민 C가 덜 파괴돼요.
- 대추를 삶은 물은 버리지 말고, 이 물로 죽을 끓여주세요. 그러면 꿀이나 설탕이 추가로 필요하지 않아요.
- 찹쌀가루가 없다면 일반 찰밥을 믹서에 갈아서 이용하세요.

찹쌀경단 대추차

고수의 한마디

대추와 찹쌀은 궁합이 아주 잘 맞는 식품이에요. 찹쌀은 칼로리가 높고 소화가 잘되며 비타민 B가 풍부하지만 지방, 칼슘, 철분, 섬유소의 함량이 적은데, 대추와 함께 먹으면 그 부분이 보충되거든요. 또 대추에는 긴장을 풀어주고 흥분을 가라앉히는 효과가 있어 갱년기 여성이나 수험생에게는 '천연 신경안정제'로 권할 만하답니다.

찹쌀가루	1/2컵(100g)	녹차소금	1/2작은술(3g)
대추	2알(100g)	(36쪽 참조)	
산양유(또는 우유)	4컵(800ml)	뜨거운 물	약 1/3컵(65ml)
꿀	2큰술(40g)	찬물	3컵(60ml)

찹쌀가루를
봐가며
뜨거운 물을
부으세요.

1 찹쌀가루는 녹차소금을 약간 넣고 뜨거운 물을 부어서 익반죽한 후 완자로 만든다.

2 오목한 냄비에 물을 넉넉히 붓고 끓이다가 완자를 넣는다. 완자가 물에 동동 떠오르면 건져 찬물에 헹군 뒤에 물기를 뺀다.

대추 삶은
물은 버리지
마세요.

3 대추는 씨를 제거한 뒤에 찬물 3컵에 넣고 무르도록 삶는다.

4 삶은 대추, 산양유, 대추 삶은 물 2컵, 꿀을 믹서에 넣고 갈아준다. 대추우유에 완자를 넣어 낸다.

무공해
맛내기비법

찹쌀완자 & 대추 삶은 물

• 찹쌀완자 만들기가 힘이 들면 조랭이떡이나 가래떡을 먹기 좋은 크기로 잘라서 넣으세요.
• 대추 삶은 물이 부족하다고 생각되면 대추씨만 모아서 1컵의 물과 함께 끓여서 사용하세요.

조랭이떡 참다래범벅

 교수의
한마디

참다래는 혈액 속의 콜레스테롤을 감소시켜 고혈압, 동맥경화, 심장병 등의 성인병뿐만 아니라 소아성
인병을 예방하는 데 아주 효과가 커요. 단, 참다래는 비위가 약한 사람에게는 가려움증, 발진 등을 유발
할 수 있으니 주의해서 먹여야 해요.

재 료 **준 비 하 기** (4 인 분)

조랭이떡(혹은 떡볶이 떡)	2컵(300g)	**꿀**	1큰술(15ml)
참다래(키위)	2개(500g)	**시럽**	
호박씨	1큰술(20g)	설탕 3큰술, 물 3큰술	
아몬드	2큰술(40g)		

1 조랭이떡은 끓는 물에 데친 뒤에 꿀에 15분 정도 재운다.

2 호박씨와 아몬드는 입자가 보일 만한 크기로 다져준다.

3 참다래는 껍질을 벗기고 가운데 심을 제거한 뒤 믹서에 갈아준다.

4 설탕과 물을 중간 불로 끓여 시럽을 만든 뒤에 갈은 키위를 넣고 끓여 키위 시럽을 만든다.

5 키위 시럽에 조랭이떡을 넣고 뭉근히 조리다가 다진 호박씨와 아몬드를 넣고 살짝 볶는다.

무공해
맛내기비법

모양 떡

아이들에게 음식을 줄 때는 모양도 중요해요. 요즘 마트에 가면 하트 모양이나 별 모양의 떡볶기 떡이 있는데 그 모양 떡을 이용하면 아이들이 신기해하면서 더 잘 먹는답니다.

옥수수단수프

고수의
한마디
캔옥수수를 사용하는 것을 좋아하는 편은 아니지만, 옥수수를 정 구할 수 없을 때를 가정해 캔옥수수로
수프를 만들었어요. 옥수수는 충치 예방과 잇몸 질환 치료에 도움을 준답니다. 또한 비타민 B_1이 많이
함유되어 있어 여름철 식욕 부진, 나른함, 무기력을 해소하는 데 좋아요.

캔옥수수	1컵(220g)	**녹차소금**	1/3작은술(1g)
설탕	2큰술(30ml)	(36쪽 참조)	
다시마물	6컵(1200ml)	**녹말물**	

약 24시간 동안 5×5cm 정도의 다시마 **녹말가루** 1큰술(15g), 물 1/4컵(50ml)
1장을 물 5컵에 불려서 만들어요. **시럽**

설탕 1/2컵(100g), 물 1/2컵(100ml)

1 캔옥수수는 찬물에 여러 번 헹궈 단 맛을 뺀 뒤에 시럽 재료와 함께 약 한 불로 뭉근히 삶는다.

2 녹말가루와 물을 섞어 녹말물을 만든다.

3 다시마물을 끓이다 삶은 옥수수를 넣고 중간 불로 끓인다. 보글보글 끓으면 설탕, 녹말물을 부어 농도를 맞추고 녹차소금으로 간 한다.

 건강톡톡!

옥수수는 찌거나 삶아 먹으면 본연의 항산화 성분이 더 많이 생성되어 노화방지에 암 예방에 좋습니다. 특히 토코페롤이 많아 피부의 건조를 막고 면역력을 좋게 합니다.

무공해
맛내기비법
옥수수

캔옥수수를 쓰지 않아도 되는 방법 알려드릴게요. 여름에 옥수수를 삶아 알알이 떼어 냉동실에 얼려 놓으면 된답니다. 참, 쉽죠?

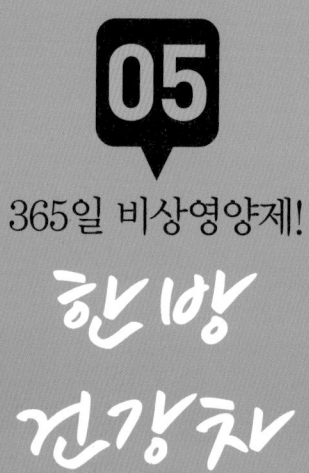

05

365일 비상영양제!

한방
건강차

우리 아이들의 마실 거리에도 적신호가 울리고 있습니다. 한참 성장해야 하는 아이들이 주로 마시는 탄산음료나 진한 과일주스는 당분이 많아 수분 흡수를 저해할 뿐만 아니라 혈당 조절에 나쁜 영향을 미쳐서 안심하고 먹일 수 없어요. 그렇다면 어떻게 해야 할까요? 사찰음식 전문가이자 약선음식 전문가로서 탄산음료 대신 마실 수 있으면서 감기면 감기, 피로면 피로, 상황에 따라 컨디션을 좋게 하는 한방건강차를 소개합니다.

1 \ 용기의 선택이 중요 : 도자기나
유리 주전자에 끓인다

2 \ 거르는 것도 기술 : 약재는 달인
즉시 거른다

3 \ 불 조절이 최고의 비결 : 센 불에서 끓이고
약한 불로 우린다

집에서 맛있는
한방차를 끓이는
성공 노하우

4 \ 발품을 팔더라도
좋은 약재를 고른다

약재에는 타닌 성분이 많은데 철 그릇에 끓이면 타닌이 산화해서 약효가 떨어진다. 그리고 옹기나 질그릇을 사용할 경우 물의 양이 줄어드는 것을 제대로 파악하지 못한다. 그러니 가급적 내열냄비나 도자기 등의 유리냄비를 쓰자.

달인 즉시 걸러야 우러난 한약재 성분을 고스란히 마실 수 있고 효능을 볼 수 있다. 그대로 두면 우러난 성분이 다시 찌꺼기 속으로 스며들어 쓴맛이 난다.

한방차나 한약은 불 조절이나 온도가 중요하다. 처음에는 펄펄 끓을 정도로 센 불에서 끓이다가 어느 정도 지나면 약한 불에 뭉근히 우려야 제 맛이 난다는 것을 명심하자. 너무 센 불에 달이거나, 약 성분이 충분히 우러나라고 너무 오래 달이면 성분이 변할 수 있다.

- 약재는 크기가 크고 두꺼울수록 오래 되고 약효가 좋은 것이다.
- 약재 고유의 색이 선명한 것이 좋다. 단, 하얀색 약재의 경우 지나치게 하얗다면 표백제로 세척한 것일 수 있으므로 피한다.
- 약재는 완전히 마른 것을 선택하고, 비 오는 날에는 가급적 약재를 사지 마라.
- 약재 고유의 향이 진한 것을 고른다.
- 그래도 약재 선택을 못 하겠다면 국산 한약재 쇼핑몰을 이용하자. 또 농협 하나로마트나 홈플러스 등 대형 마트에서 국산 한약재를 쉽게 구할 수 있다.

이럴 땐 이렇게

- **한방차의 보관기간** : 1~2일되도록 그날그날 다 마실 수 있도록 준비하는 것이 좋다.
- **차처럼 마시는 한약 물을 아이가 쓰다고 할 때** : 꿀이나 조청을 섞어서 주는 센스를 발휘하자.
- **한약 물로 부작용이 생기면?** : 한방차는 대부분 순한 재료로 끓이기 때문에 의사의 처방 없이 민간요법으로 충분히 끓여 먹을 수 있다. 다만, 약재인 만큼 몸이 좋지 않은 증상이 있다면 즉시 복용을 멈추고 한의원을 찾아 의사의 도움을 받는다.

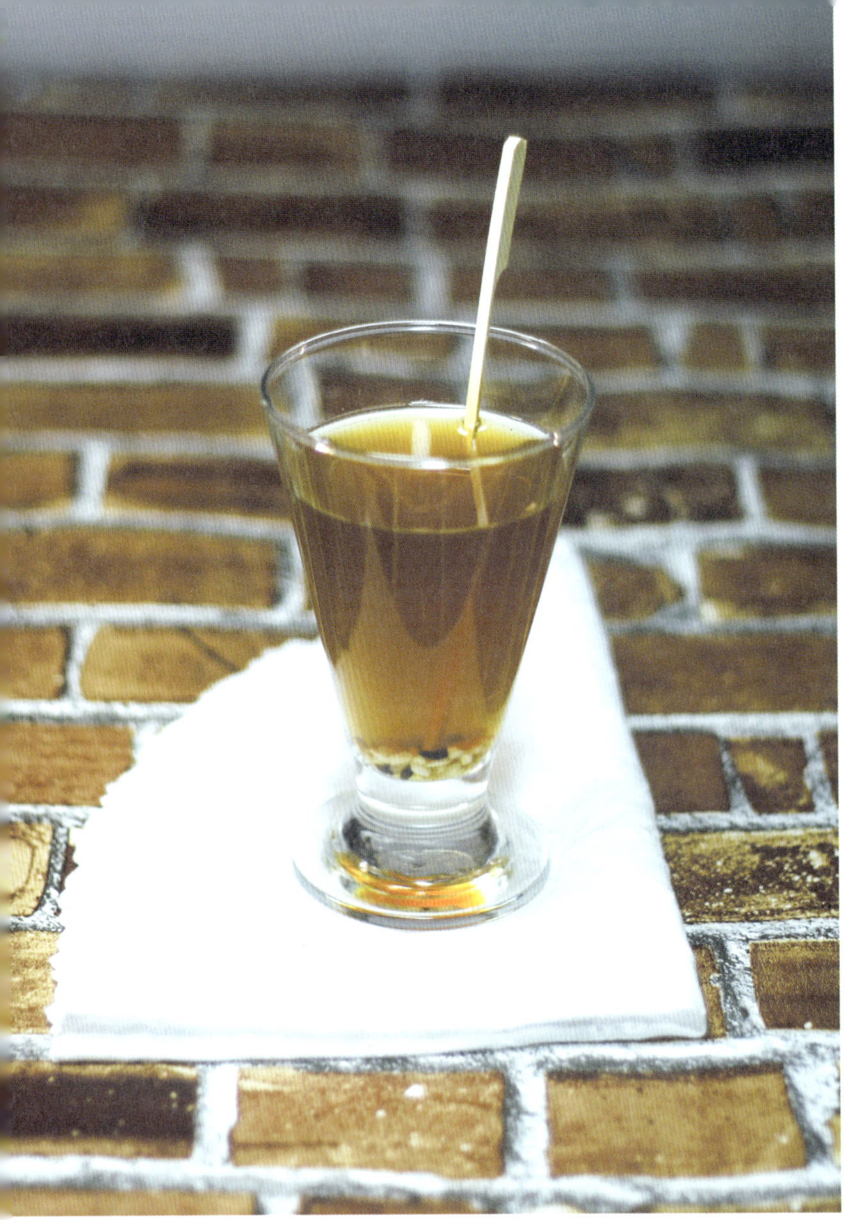

잡곡차

고수의 한마디 | 면역력이 강화돼요

잡곡차에는 팥, 율무, 보리, 녹두, 콩 등이 들어가는데 이런 잡곡들은 면역 기능을 강화시켜주고, 몸속 수분을 배출시키며, 오장을 건강하게 만들어주는 효과가 있어 평소 물 대신 마시면 건강한 체력을 유지할 수 있어요.

재료 **준비하기**(4인분)

잡곡(팥, 율무, 보리, 녹두, 검정콩 등)	1컵(200g)
물	10컵(2000ml)

1 잡곡은 깨끗이 씻어 물기를 뺀 다음 약한 불에서 주걱으로 저으며 볶는다.

2 분량의 물을 끓인다. 보글보글 끓으면 불을 끄고 볶은 잡곡을 넣어 우린다.

무공해 맛내기비법 **잡곡 볶기 & 우리기**

- 잡곡이 섞여 나온 것은 한꺼번에 볶고, 잡곡이 따로따로 보관되어 있는 것을 쓰려면 입자가 큰 잡곡을 먼저 볶아주세요. 잡곡이 한 봉지에 들어 있는 것은 콩이나 팥 등을 잘게 으깨서 포장했기에 볶는 데 그리 어려움이 없지만, 한 가지씩 보관된 것은 입자 크기에 따라 볶는 시간이 달라지거든요.
- 잡곡은 구수한 냄새가 날 때까지 볶고, 반드시 끓인 물에 우리세요. 물에 잡곡을 넣고 끓이면 쓴맛이 난답니다.

검정콩 감초차

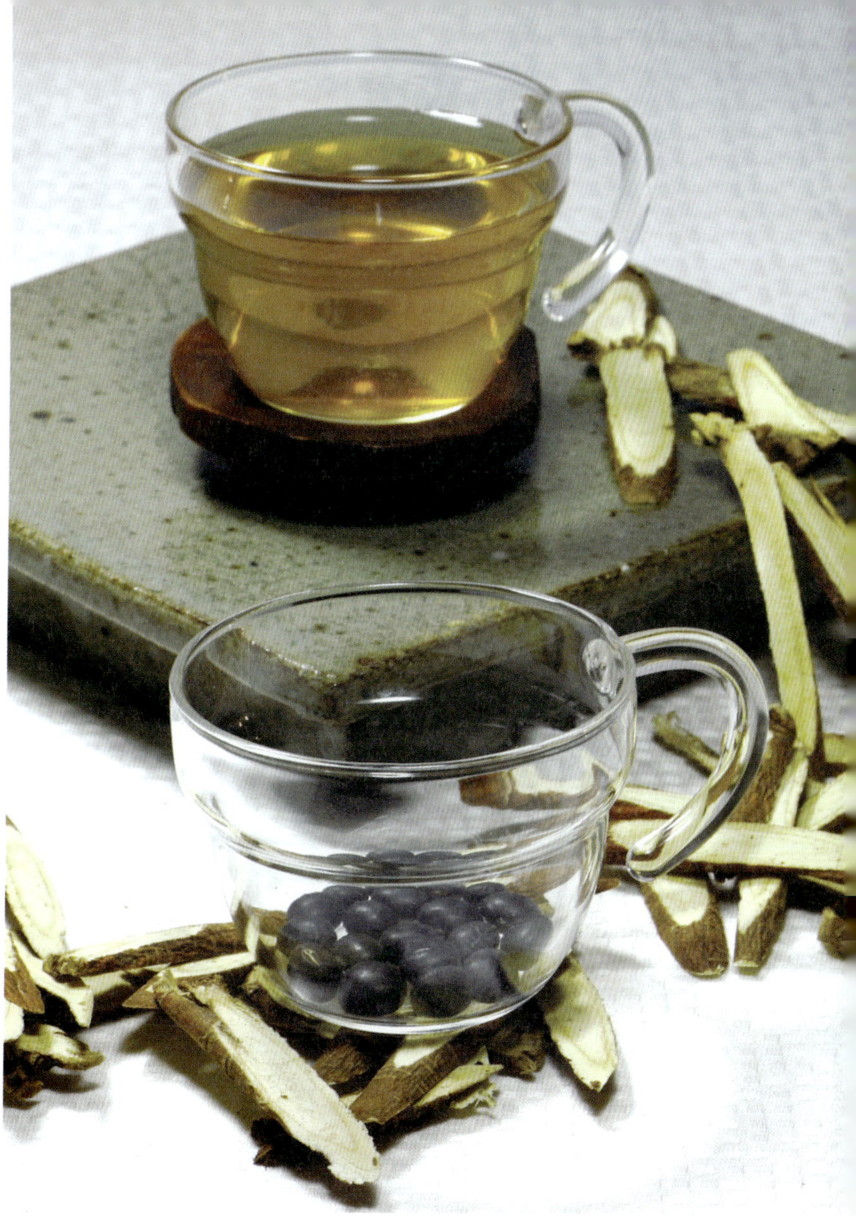

고수의 한마디 **면역력이 강화돼요**

감초는 몸을 가볍게 해주고, 의욕이 떨어질 때 기운을 북돋는 효과가 있는 물질과 여성호르몬의 기능을 돕는 아이소플라본이 강화돼요. 나른한 봄철, 환절기, 더운 여름 힘들고 지칠 때 온 가족이 함께 마실 수 있는 건강음료랍니다.

재료 **준비하기**(4인분)

검정콩(쥐눈이콩)	1컵(150g)
감초	1/2컵(20g)
물	10컵(2000ml)

무공해 맛내기비법 **검정콩 볶기**

- 검정콩은 크기가 작은 쥐눈이콩(약콩)을 사용하세요. 콩은 그냥 먹는 것보다는 볶아서 먹으면 건강에 더 좋아요. 타지 않게 약한 불로 볶는 것, 구수한 냄새가 나면 불을 끄는 것, 꼭 지켜주세요.

1 검정콩은 깨끗이 씻어 물기를 뺀 다음 약한 불에서 주걱으로 저으며 볶는다. 구수한 냄새가 나면 불을 끈다.

2 감초는 깨끗이 씻어 물기를 뺀 다음 약한 불에서 주걱으로 저으며 볶는다. 수분이 없어지면 불을 끈다.

3 분량의 물을 끓인다. 보글보글 끓으면 볶은 검정콩과 감초를 넣고 약한 불로 뭉근히 끓인다.

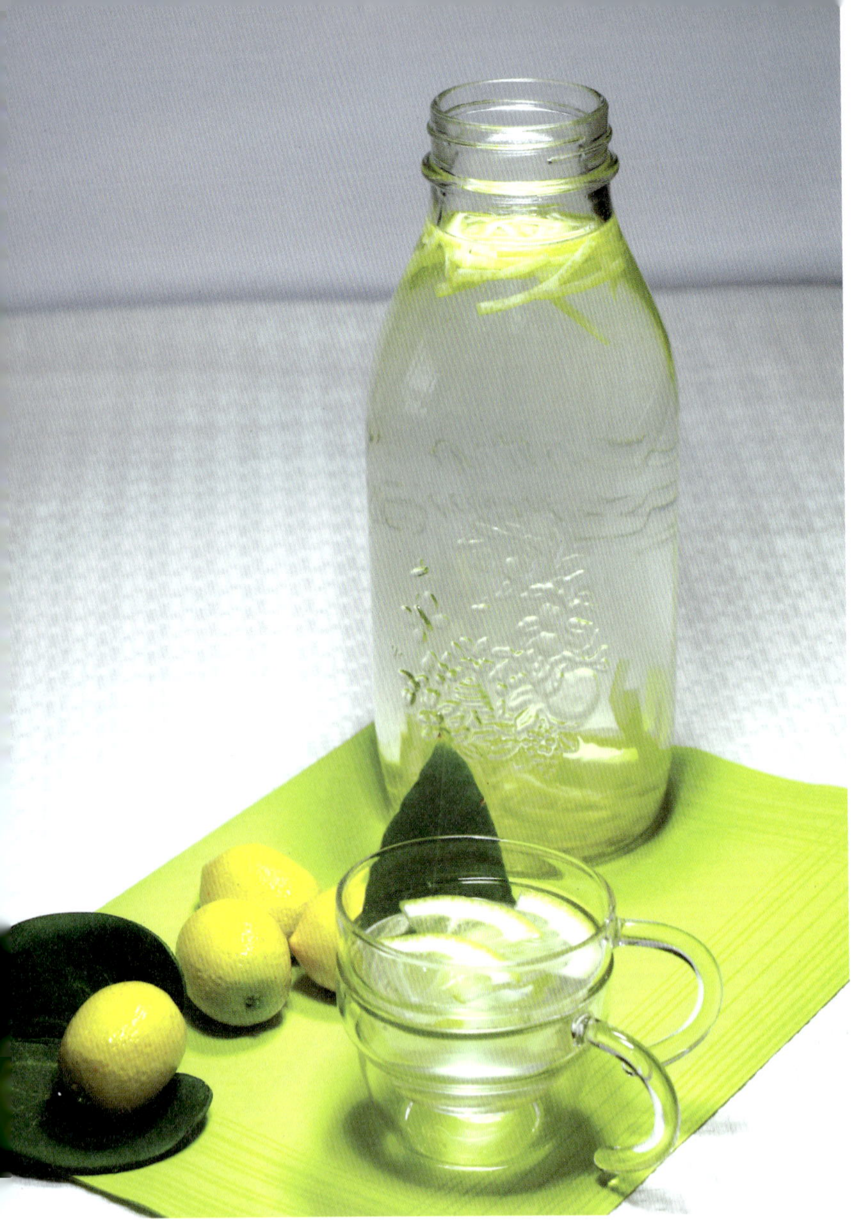

레몬 꿀냉차

고수의 한마디 | **피로 회복에 좋아요.**

레몬 속에는 비타민 C가 다량 들어 있는데 신진대사를 원활하게 해 체온이 내려가는 것을 막아주고 세균에 대한 저항력을 높여서 감기를 예방해요. 아이가 감기에 잘 걸린다면 항상 레몬꿀차를 만들어두세요. 감기를 예방하는 것은 물론 스트레스 해소와 피로 회복에도 아주 큰 도움이 된답니다.

재료 **준비하기**(4인분)

레몬	1/2개(100g)
꿀	5큰술(70g)
물	10컵(2000ml)

1 레몬은 즙짜개를 이용해 즙을 짠다. 껍질은 아주 가늘게 채썬다.

2 물에 꿀을 넣어 흔든 뒤에 레몬즙과 채썬 레몬 껍질을 넣고 흔들어 마신다.

보너스 레시피

식구들에게 매일 활력을 주고 싶다면 레몬을 꿀에 재워두었다가 차로 마셔요. 레몬을 꿀에 재울 때에는 레몬 1개당 꿀 100g 정도가 좋아요.

홍삼차

고수의 한마디 | 활력이 증진돼요.

　　　홍삼은 두뇌활동을 활발
히 하고, 청력과 사고력을 증강시켜
집중력을 향상시키는 효과가 탁월해
요. 평소에도 좋지만 아이들 시험기간
에는 더 큰 힘이 되겠죠? 번거롭더라
도 수삼을 쪄서 말려 홍삼을 만들어
사용하면 그 효과는 2배가 된답니다.

재료 준비하기 (4인분)

홍삼 진액	2팩(200ml)
레몬	1조각(5g)
물	10컵(2000ml)

무공해 맛내기비법　　　　　레몬 씻기

• 레몬은 농약을 많이 썼다고 생각되는 외
국산 과일이에요. 2~3번째의 쌀뜨물에
껍질을 벗기지 않은 레몬을 20~30분 정
도 담가두세요. 그런 다음에 녹차소금으
로 표면을 문지르고 흐르는 물에 헹구고,
식초물에 5분 정도 담가두면 농약 잔여물
을 약 90% 정도 제거할 수 있어요

1 홍삼 진액에 물, 레몬을 넣고 흔들어 냉장고에 넣는다. 시원해지면 마
신다.

공예차

고수의 한마디 **두통과 스트레스를 이겨요.**

공예차는 여러 가지 꽃으로 만드는 중국차이지만 여자를 위한 차이기도 해요. 꽃차 속에 들어 있는 성분이 생리로 인한 여러 스트레스를 줄여주거든요. 또한 몸이 차갑거나 소화 기능이 약한 사람이 식후에 마시면 몸이 따뜻해지고 속이 편해져요.

재료 준 비 하 기 (4 인분)

공예차	1개(20g)
물	10컵(2000ml)

1 물을 끓인다. 한 번 우르르 끓어오르면 불을 끄고 식힌다.

2 공예차를 물병에 넣고 식힌 물을 조심스레 붓는다.

3 꽃이 다 피면 조금씩 마신다.

무공해 맛내기비법　　　　　공예차

• 남은 공예차는 고기를 재울 때 넣어보세요. 고기의 잡냄새가 제거된답니다. 공예차는 백화점, 인터넷몰, 중국차를 파는 곳에서 손쉽게 구할 수 있어요.

대추차

　　대추는 주로 약을 달이거
나 한방 건강식을 만들 때 빠지지 않
고 이용되어온 자연 식품이에요. 맛
이 달고 독이 없으며 속을 편안하게
해주기 때문에 마실수록 얼굴이 밝아
지고 몸이 가벼워진다고 해요.

재료 준비하기 (4인분)

대추 진액	1/2컵(100ml)
미지근한 물	10컵(2000ml)
대추채	1큰술(10g)

보너스 레시피

대추 진액 만들기

● **방법 1** 대추는 돌려깎아서 씨를 뺀
다. 유리병에 대추를 담고, 같은 양의
흑설탕을 넣는다. 100일 정도 숙성시킨
뒤에 고운체에 내려 즙만 보관한다.

● **방법 2** 대추는 돌려깎아서 씨를 뺀
뒤에 곱게 채썬다. 유리병에 대추를 담
고, 같은 양의 흑설탕을 넣는다. 100일
정도 숙성시킨 뒤에 고운체에 내려 즙
만 보관한다.

1 대추 진액을 미지근한 물 10컵에 넣고 고루 섞는다.

2 한 번 마실 만큼 컵에 따르고 대추채를 올려 마신다. 단맛이 덜하면 꿀을
첨가한다.

귤피차

고수의 한마디 | 감기를 낫게 하고, 피로를 풀어줘요.

밀감(蜜柑)은 귤(橘)이라고도 하는데, 약재로 쓰이는 것은 열매인 귤피라 하고, 오래 묵힌 것은 진피라고 합니다. 대표적인 알칼리성 식품인 감귤은 '비타민 덩어리'라고 불릴 정도로 비타민 C와 비타민 P가 풍부해요. 비타민 C는 피로 회복과 감기 예방, 그리고 천식을 예방하는 효과가 탁월해요.

재료 준비하기 (4인분)

귤피	1/2컵(20g)
물	10컵(2000ml)

1 귤피를 깨끗이 닦아 곱게 채썬 뒤에 바람이 잘 부는 그늘에서 말린다.

2 마른 귤피를 마른 팬에서 약한 불로 볶는다.

3 볶은 귤피를 차 거름망에 넣고 뜨거운 물을 부어 우린 뒤 마신다.

무공해 맛내기비법 귤피 말리기 & 뜨겁게 마시기

• 귤피는 껍질째 말리는 것보다 채를 썰어서 말리는 것이 차로 이용하기에 더 좋아요. 또 살짝 볶으면 구수한 맛이 강해지고 귤피의 쓴맛이 사라져 맛있어요. 단, 뜨거울 때 마셔야 제 맛이 난답니다. 식은 귤피차에서는 비린 맛이 나서 참다운 맛을 느낄 수 없어요.

감잎차

고수의
한마디 | 😊 감기에 좋아요.

감잎은 비타민 C가 레몬
의 20배나 많이 들어 있어서 스트레
스, 성인병 예방에 아주 좋아요. 또한
성장기 아이들에게 가장 필요한 영양
소인 칼슘이 많이 들어 있어서 강력
히 추천하는 보약음료랍니다.

재료 **준비하기** (4인분)

감잎	1/2컵(30g)
물	20컵(4000ml)

무공해 🍵
맛내기비법   **감잎차와 이온음료**

• 감잎은 약산성을 띠어요. 그러니 감잎차
  를 마실 때에는 알칼리성 음료(이온음료)
  와 함께 마시지 마세요.

1 감잎은 면포로 싸 묶어준다.

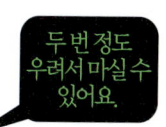
두번 정도
우려서 마실 수
있어요.

2 물을 팔팔 끓여서 식힌 후 묶은 감잎을 넣고 5분 정도만 우린 뒤 뺀다.

칡계피차

고수의 한마디 🍵 냉풍기로 인한 감기에 좋아요.

칡은 몸에 뭉친 열을 풀어 주고, 계피는 소화를 촉진시켜요. 특히 여름철 에어컨 등의 냉풍기로 인한 감기에 딱 좋은 여름철 음료입니다.

재료 준비하기 (4인분)

칡	1줌(50g)
계피	1/2컵(100g)
물	12컵(2400ml)

1 칡과 계피는 흐르는 물에 씻은 뒤에 냄비에 넣고 물 2컵을 붓고 끓인다. 우르르 끓어오르면 체에 밭쳐 건진다. 물은 버린다.

2 물 10컵을 붓고 칡, 계피를 다시 끓인다. 물이 7컵 정도가 되면 불을 끈다. 식으면 마신다.

무공해 맛내기비법 🍴 칡

• 겨울에 생칡을 사두었다가 냉동실에 보관하거나 말려서 보관하세요. 칡즙은 술 먹는 남편, 초기 감기에 효과가 있답니다. 또한 칡에는 뼈를 튼튼히 하는 성분과 식물성 에스트로겐이 많이 들어 있어(대두의 33배, 석류의 626배) 중년 여성에게 좋아요.

맥문동차

고수의 한마디 🍵 안색이 좋아져요.

맥문동은 여름에는 보리차처럼 끓여 마시고, 겨울에는 뭉근히 오랫 동안 끓여 차로 드세요. 꾸준히 마시면 정신력이 강해지고, 혈액순환이 순조로워져 안색이 좋아질 거예요. 맥문동차는 구수하고 은은한 향이 좋아 아이들도 즐겨 마실 수 있답니다.

재료 준비하기(4인분)

건조 맥문동	1/2컵(40g)
꿀	1/2컵(100ml)
물	10컵(2000ml)

무공해 맛내기비법 🍴 **맥문동과 황기**

• 맥문동차를 마실 때에는 황기를 피해주세요. 황기도 맥문동도 몸을 차게 만드는 성질이 있어 이 둘을 함께 섭취하면 체온이 너무 떨어질 수 있거든요. 맥문동차는 하루에 일정량을 다 마시는 것이 더욱 효과적이에요.

1 맥문동은 흐르는 물에 깨끗이 씻어 물기를 뺀다.

2 세척한 맥문동을 차 주전자에 담고 물을 부어 끓인다. 물이 끓기 시작하면 아주 약한 불로 줄여서 뭉근하게 1시간 정도 끓인다.

3 체에 밭쳐 건더기를 건져낸다. 꿀을 넣어 마신다.

06

우리 엄만 요리사!

행복한 생일상 & 나들이 도시락

사랑스런 아이의 생일! 평소엔 만들기 좀 어렵지만 한번 빠지면 헤어 나올 수 없는 요리를 만들어요. 놀러온 아이들과 함께 맛있게 먹다보면 기분 up! 행복 만땅!

야외로 소풍 갈 생각만으로도 뭐든 맛있을 거에요. 뛰어 놀다 지치지 않도록 건강 챙길 수 있는 도시락은 필수랍니다.

채소볶음우동

고수의 한마디

아이들은 참 분식을 좋아하죠. 채소와 함께 먹일 수 있는 분식으로 면 요리는 참 좋아요.
엄마의 사랑이 담긴 우동 요리는 아이의 파티 요리로 손색없답니다.

우동	4인분(800g)		물	10컵(2000ml)
바지락	1봉(300g)		맛기름	2큰술(30ml)
노랑파프리카	1개(400g)		(42쪽 참조)	
당근	1/2개(150g)		맛간장	2큰술(30ml)
양파	1개(250g)		(40쪽 참조)	
숙주	1줌(200g)		검정깨	1작은술(3g)
아삭이고추	2개(150g)		버섯마늘소금	1/4작은술(2g)

1 바지락은 물 2컵 정도에 꽃소금을 넣어 해감 시켜준다.

2 노랑파프리카, 당근, 양파는 채 썰어주고, 아삭이 고추는 씨를 빼고 채 썬다.

3 해감 시킨 바지락은 씻어 물2컵을 넣고 끓여 국물 1컵을 만든다.(건져낸 바지락은 채소와 함께 볶을 거에요.)

4 우동 면은 물 8컵 정도 넣어 준후 삶아내고 냉수에 헹구어 물기를 빼준다(이때 맛 기름을 한 방울 넣어주면 면이 부는 것을 막아 줄 수 있다.)

5 맛 기름을 두른 팬에 채소를 넣고 볶아주다 바지락을 넣고 빨리 볶아준다.

6 우동면과 바지락국물1, 맛간장2 큰술을 넣어 한번 더 볶아준다. 고명으로 검정깨를 뿌려준다.

바나나두부크루통샐러드

영양만점 두부. 아이에게 많이 주고 싶지만 잘 먹지 않아 속상할 땐 두부크루통을 만들어 주세요. 과자 같은 느낌에 아이들이 좋아해요.

바나나	2개(400g)	**소스**
두부	1/2모(200g)	맛간장(42쪽 참조) 2큰술(30g),
베이비채소	1줌(30g)	조청 2큰술(40g), 물 1/2컵(100ml),
맛기름	2큰술(30ml)	설탕 1큰술(15g), 토마토식초(56쪽 참조)
녹차소금	1/4작은술(1g)	1큰술(15ml)

1 물1/2컵에 소스재료를 넣고 반이 될 때까지 졸인다.

2 바나나는 1/2로 잘라준다.

3 두부는 1cm 두께로 잘라 녹차소금을 뿌린 뒤 맛기름에 바싹 구운 후 키친 타올로 수분과 기름기를 빼준다. 정 사각형으로 잘라 두부크루통을 만들 어준다.

4 접시에 바나나를 담아주고 베이비 채소를 올려주고 두부 크루통을 고 루 뿌려준 후 소스를 뿌려서 완성 한다.

무공해
맛내기비법

크루통이란?

크루통은 "빵껍질" 이란 뜻입니다.
식빵을 1cm 토막으로 썰어 기름에 튀기거나 팬에 토스트하여 버터를 바른 것을 말하며, 주로 크림수프 의 건더기로 먹기 직전에 위에 띄우기도 합니다.
요즘은 샐러드 등에 함께 올려서 먹기도 합니다.

단호박영양밥오븐구이

고수의
한마디 | 단호박은 익히거나 굽거나 찌면 베타카로틴 성분이 체내에 흡수되기 좋아져요. 또 껍질째 드셔보세요.
고구마 맛도 나면서 더 고소하고 맛있답니다.

1 단호박은 4등분해 씨를 제거하고 김이 오른 찜기에 10분정도 쪄준다.

2 전분가루에 맛간장과 물을 섞어 녹여준 후 설탕과 녹차소금을 넣어 소스를 만든다.

3 건조 총알버섯을 약선기름을 두른 팬에 볶아준 후 밥과 호박씨 그리고 소스 2/1을 넣어서 버무려준다.

4 준비된 밥을 호박에 채워주고 200도로 예열된 오븐에서 10분정도 구워준다.

5 남은 소스를 먹기 직전에 한번 더 뿌려 완성 한다.

무공해 맛내기비법 　　　　　　　　　단호박 고르는 법

• 맛있는 단호박을 고르는 법은 여름철 수박 고르는 것과 같다고 생각하면 쉽다.
• 우선 꼭지가 마르거나 썩은 것은 피하고, 껍질은 줄과 색이 선명하고 상처가 없는 것으로 고른다.
• 단단하고 두꺼우며 멍이나 흠집이 없는 것이 좋고 같은 크기라면 제일 무거운 것으로 골라주면 좋다.

무공해 맛내기비법 　　　　　　　　　단호박 찌는 법

• 단호박을 찔 때에는 껍질을 보이게 뒤집어서 찌는 것이 제일 중요하다.
• 그래야 단호박 살에 물이 스며들지 않고 단맛을 유지할 수 있다.

완두콩이
윙크하는
미니도시락

고수의
한마디 🔲 아이 입 속으로 쏘옥~
초록색의 완두콩은 아이들 스트레스
를 싹 없애주는 효과가 있어요.
일석이조의 디톡스 도시락을 만들어
보세요.

재료 준 비 하 기 (4 인 분)

밥 – 불린 쌀 1/2컵(200g), 완두콩 1/4컵
(50g), 녹차소금 1/5작은술(1g), 물 1컵
(200ml)
멸치볶음 – 볶음멸치 1컵(100g), 아몬드
슬라이스 1/2컵(50g)
양념장 – 맛기름 1큰술(15ml), 생강청 2큰
술(30ml), 맛간장 2큰술(30ml), 조청 1큰
술(15ml), 통깨 1작은술(5g)
오이지무침 – 오이지 1개(150g), 청고추채
1개(30g), 양파채 1/4개(70g)
양념장 – 고춧가루 1작은술(5g), 생강청 1
큰술(15ml), 조청 1큰술(15ml), 참기름 1/2
큰술(7ml), 통깨 1작은술(5g)
계란말이 – 계란 1개(80g), 송송 다진 당
근 1/5개(30g), 다진 청고추 1개(30g), 다
진 양파 1/4개(70g), 맛기름 1큰술(15ml)

---

1 불린 쌀과 완두콩은 잘 씻은 후 물1컵과 녹차소금을 넣어서 밥을 짓는다.

2 멸치볶음은 분량의 양념장을 팬에 넣고 바글바글 끓이다가 멸치를 넣고
볶아주고, 아몬드슬라이스를 넣어 볶아준 후 깨를 뿌려준다.

3 오이지는 송송 썰어 물기를 꼭 짜준 후 청고추채와 양파채를 넣어 양념
장에 무친다.

4 계란말이는 계란의 알끈을 제거한 뒤 다진 당근, 청고추, 양파를 넣어 섞
고 맛기름을 두른 팬에 잘 말아준 후 먹기 좋게 썰어준다.

5 완두콩밥과 멸치볶음, 오이지무침, 계란말이를 이용해 맛있는 도시락을
완성 한다.

추억속의
계란볶음
밥도시락

고수의 한마디 🍲 어릴 적 추억이 담긴 계란볶음밥. 두부전과 무짠지무침까지 함께 해서 더 풍성하게 만들어요.
아이 뿐 아니라 신랑도 아주 좋아할 거에요.

재료 준비하기 (4인분)

계란볶음밥 – 공기 1공기(200g), 맛기름 1큰술(15ml), 계란 1개(80g), 맛간장 1큰술(15ml), 참기름 1큰술(15ml), 통깨 1작은술(5g)
두부전 – 두부 1/4모(70g), 맛기름 1작은술(5ml), 버섯마늘소금 1/5작은술(1g)
김치볶음 – 익은김치 1/2컵(100g), 맛기름 1작은술(5ml), 통깨 1작은술(5g)
무짠지무침 – 무짠지 1/5쪽(100g)
양념장 – 생강청 1큰술(15ml), 조청 1큰술(15ml), 참기름 1/2큰술(7ml), 통깨 1작은술(5g)
곁들이채소 – 방울토마토 2–3알(70g)

1 달구어진 팬에 맛기름을 두르고 계란을 먼저 풀어서 볶아주다가 밥을 넣어 함께 볶아주고 맛간장, 참기름, 통깨를 넣어 계란볶음밥을 만든다.

2 두부전은 두부를 4등분해 모양틀로 잘라주고 버섯마늘소금을 살짝 뿌려 달구어진 팬에서 맛기름에 구워준다.

3 김치볶음은 김치의 국물을 짜준 후 송송 썰어서 맛기름에 볶아주고 통깨로 마무리해준다.

4 무짠지무침은 곱게 채 썰어주고 냉수에 1–2번 정도 헹군 후 양념장에 무친다.

5 도시락에 계란볶음밥을 싸주고, 두부전과 김치볶음, 무짠지무침과 방울토마토를 함께 준비해 완성 한다.

두부두유와 함께하는 꼬마김밥

고수의 한마디 나들이 음식으로 꼭 챙기게 되는 요리 바로 김밥인데요. 여기에 두부로 만든 두유와 함께 하면 영양만점 나들이를 할 수 있어요. 꼭 두부두유 함께 해 주세요.

재료 준비하기 (4인분)

두부두유 - 선식용 두부 1/2모(70ml), 두유 1컵(200ml)
김밥 - 김 2장, 밥 1공기(200g), 오이 1/2개(150g), 당근 1/4쪽(70g), 맛살 1줄(40g), 단무지1줄(30g), 녹차소금 약간
밥양념 - 참기름 1/2큰술(7ml), 맛기름 1/2큰술(7ml), 버섯마늘소금 1/5작은술(1g), 통깨 1/2작은술(3g)
곁들이채소 - 토마토 1개(230g)

1 밥은 밥 양념에 버무린다.(이때 참기름과 맛기름을 함께 사용하면 김밥이 쉬는 것을 예방할 수 있다.)

2 오이는 길이로 자른 것을 준비한 후 길이로 0.5cm 굵기로 굵게 썰어 소금에 살짝 절여준다.

3 당근도 오이랑 같은 굵기로 잘라준다. 김밥용 단무지는 다시 반을 잘라서 냉수에 헹구어 물기를 짜준다. 맛살은 길이로 찢어준다

4 김을 1/2등분해 4장으로 만들어 준 후 밥을 고루 펴고 준비된 채소와 함께 말아서 꼬마김밥을 싸준다.

5 두부와 두유를 믹서에 함께 갈아서 두부두유를 만든다. 토마토는 먹기좋은 크기로 잘라주고 도시락에 꼬마김밥과 함께 담아준다.

나물과 함께하는
잡곡나물 비빔밥

고수의 한마디 나들이 가면 맛없는 게 없죠? 나물을 잘 안 먹는 아이들도 야외에서 먹는 비빔밥은 한 그릇 뚝딱 이랍니다. 젓가락으로 쓱쓱 비벼먹는 나물 비빔밥!

재료 준비하기 (4인분)

잡곡밥 1공기(200g)
시금치나물 – 시금치 1줌(100g)
양념장 – 맛간장 1작은술(5ml), 참기름 1/2작은술(3ml), 통깨 1/5작은술(1g)
도라지나물 – 도라지 1줌(80g), 녹차소금 1/5작은술(1g), 맛기름 1작은술(5ml), 통깨 1/5작은술(1g), 조선간장 1/2작은술(3ml)
표고버섯나물 – 생표고 2장(15g)
양념장 – 맛간장 1/2큰술(7ml), 참기름 1/2작은술(3ml), 통깨 1/5작은술(1g)
무생채 – 무 200g
양념장 – 고춧가루 1/2작은술(3g), 녹차소금 1/2작은술(3g), 설탕 1작은술(5g), 통깨 1/5작은술(1g)
콩나물 – 콩나물 1줌(150g)
양념장 – 조선간장 1작은술(5ml), 참기름 1/2작은술(3ml), 통깨 1/5작은술(1g)
고추장 – 고추장 1큰술(15g), 참기름 1/2작은술(3ml), 조청 1작은술(5g), 통깨 1/5작은술(1g)

1 시금치는 데쳐서 물기를 짜준 후 양념장에 무친다.

2 도라지는 녹차소금으로 조물조물 해주어 쓴맛을 빼준 후 맛 기름에 볶고, 통깨와 조선간장으로 간을 해 한번 더 볶아준다.

3 표고버섯은 뜨거운 물에 데쳐 물기를 짜준 후 채 썰어 양념장에 무친다. 무생채는 곱게 채 썰어 양념장에 조물조물 버무린다.

4 콩나물은 뜨거운 물에 데쳐 물기를 빼주고 양념장에 무쳐준다. 고추장재료를 섞어서 양념고추장을 만든다.

5 도시락 용기에 잡곡밥을 담아주고 나물을 고루 담아준 후 고추장을 담아 완성 한다.

|식 단 표|

일	요일		월	화	수	목	금	토	일
1 주차		🕐	감자스프 옛날샌드위치 선식과자3알	해물영양죽 미역튀김자반 오이지무침 캐슈넛바나나우유	보리잣죽 실멸치볶음 배추장아찌무침	바나나샌드위치와 키위밀크 생과일두유오곡씨리얼	톳무죽 두부미역전 묵은지볶음	현미쌀밥 실멸치볶음 배추 장아찌무침 캐슈넛바나나우유	현미쌀밥 어묵볶음 오이지무침 버섯미역국
		🕐	흑미견과류밥 봄동된장국 뚝배기달걀찜 관자불고기	짭쪼롬흰밥 어묵볶음 미역줄기볶음 고등어조림	현미쌀밥 새우마늘쫑볶음 버섯미역국 어묵볶음	녹두밥 미역줄기볶음 마늘햄배추샐러드 홍합어묵꼬치탕	현미쌀밥 봄동된장국 미역줄기볶음 콜라비깍두기	짭쪼롬흰밥 어묵볶음 미역튀김자반 고등어조림	단호박영양밥 묵은지볶음 매운등갈비강정
2 주차		🕐	현미쌀밥 감자국 미역줄기볶음 배추장아찌무침	구운달걀과 토마토풋고추쥬스 옛날샌드위치 사과물김치	파래통깨죽 연근동그랑땡 숙주나물	생과일두유오곡 씨리얼 옛날샌드위치 구운달걀	파래통깨죽 숙주나물 사과물김치 선식과자 3알	도라지무밥 감자국 마늘햄배추샐러드 두부미역전	짭쪼롬흰밥 뚝배기달걀찜 미역줄기볶음 사과물김치
		🕐	도라지무밥 버섯미역국 두부미역전 어묵볶음	짭쪼롬흰밥 새우마늘쫑볶음 황태포샐러드구이 오이지무침	현미쌀밥 감자버섯채소전 매운고구마조림 고등어조림	현미쌀밥 새우마늘쫑볶음 묵은지볶음 홍합어묵꼬치탕	짭쪼롬흰밥 버섯미역국 어묵볶음 황태포샐러드구이	짭쪼롬흰밥 묵은지볶음 매운등갈비강정 오이지무침	황기과일찰밥 실멸치볶음 오이지무침 사과 물김치
3 주차		🕐	해물영양죽 쥐포 샐러드 여름콩나물무침 오이지무침	파래통깨죽 묵은지볶음 흑임자꽃감말이	보리잣죽 미역튀김자반 홍합조림	해물영양죽 감자버섯채소전 오이지무침	보리잣죽 미역튀김자반 배주장아찌무침	녹두밥 미역줄기볶음 배추 장아찌무침	톳무죽 어묵볶음 매운등갈비강정
		🕐	우엉표고버섯밥 관자불고기 배추장아찌무침	짭쪼롬흰밥 오이지무침 누드잡채	김치냄비알밥 오이지무침 홍합어묵꼬치탕	우엉표고버섯밥 감자국 쥐포 샐러드	흑미견과류밥 오이지무침 여름콩나물무침	우리식쌀국수 배추 장아찌무침 잔멸치토마토샐러드	우엉표고버섯밥 누드잡채 생과일두유오곡 씨리얼
4 주차		🕐	황기오곡버섯죽 홍합조림 뚝배기달걀찜	톳무죽 미역튀김자반 홍합조림	황기오곡버섯죽 배추 장아찌무침 여름콩나물무침	옥수수단스프 콜라비깍두기 누드잡채	해물영양죽 배추 장아찌무침 미역튀김자반	황기오곡버섯죽 홍합조림 관자불고기	짭쪼롬흰밥 콜라비깍두기 뚝배기달걀찜
		🕐	연잎국수 자연식주먹밥 콜라비깍두기 홍합조림기	현미쌀밥 감자국 뚝배기달걀찜	우엉표고버섯밥 연근동그랑땡 배추장아찌무침	김치냄비알밥 두부오보로달걀말이, 관자불고기 배주장아찌무침	현미쌀밥 버섯미역국 뚝배기달걀찜	자연식주먹밥 카레게티 코코아밀전병말이	김치냄비알밥 연근동그랑땡 마늘햄배추샐러드
간식			바나나흑설탕조림 도토리피자	옛날샌드위치 두부청국장샐러드	바나나샌드위치와 키위밀크 조랭이떡 참다래범벅 흑미찹쌀케이크	계피향 사과 토스트 바나나소스를 곁들인 찹쌀새알심	우리식쌀국수 코코아밀전병말이	뜩배기버섯라면 흑미밥채소순대	웰빙짜장라면 감자팬케이크
야식 간식			밤초	대추경단	배숙	흑임자꽃감말이	선식과자	대추죽	대추경단

※ **잠자기전 음료**

- 변비가 있을 때 → 푸룬 사과쥬스
- 우리아이 눈건강에 → 딸기 구기자쥬스
- 뼈건강을 위해서 → 키위밀크, 고구마핫밀크, 찹쌀경단대추차
- 우리아이성적을 올리려면 → 토마토풋고추쥬스
- 우리아이 천연영양제 → 딸기우유
- 우리아이 기침감기에 → 배숙 , 계피맛집청